データで読む日本文化

高校生からの文学・社会学・メディア研究入門

成蹊大学人文叢書11

成蹊大学文学部学会 編

責任編集 小林 盾・吉田幹生

風間書房

口絵１　「源氏物語絵色紙帖」若紫（土佐光吉　京都国立博物館蔵）〈第１章〉

口絵２　『ひまわり』（1949年８月号）表紙　中原淳一画〈第４章〉
©JUNICHI NAKAHARA /ひまわりや

口絵３　なでしこジャパン　2011年 FIFA 女子ワールドカップドイツ大会優勝
〈第６章〉　©Corbis/amanaimages

はじめに

1　この本の狙い

なぜおみくじには「和歌」や「漢詩」が書いてあるのでしょうか。お寿司や天ぷらは、どのような人びとが食べているのでしょうか。この本では、そうした**日本文化に関するさまざまな謎**に迫ります。

お正月におみくじを引いたり、みんなで和食を食べたりすることは、私たち日本人にとって当たり前のことでしょう。しかし、どれも弥生時代や奈良時代から続いているわけではありません。むしろ、近代社会の前後で成立したり、大きく変容したり、多様化してきました。

そこで、この本では**文学**、**社会学**、**メディア研究**という多彩な分野の研究者が集まって、日本文化に立体的にアプローチしました。そのとき、理論的に頭で考えるだけではなく、文学作品、アンケート、インタビュー、統計、雑誌などの**データを用いて読みとく**ようにしました。このようなデータはエビデンス（証拠・根拠）とよばれ、この本の特徴となっています。

2　構成

全部で七つの章があり、各章は「源氏物語」「スター」など一つのテーマを扱います。かならず「なぜ原作と絵画化がくい違うのか」「どのようなスター像が作られてきたのか」といった謎からスタートし、データを用いて答えをあれこれ探します。読者の皆さんは、一緒に**謎解き**を楽しんでください。章ごとのテーマ、謎、アプローチ、データを表にまとめました。

章	テーマ	謎	アプローチ	データ
一	源氏物語	なぜ原作と絵画化がくい違うのか	文学・メディア研究	文学・絵画作品
二	和食	だれが寿司や天ぷらを食べるのか	社会学	アンケート　統計
三	おみくじ	なぜ和歌が書かれているのか	文学	文献資料
四	スター	どのようなスター像が作られてきたのか	メディア研究	雑誌
五	敬老の日	老いを敬うのか、老いを隠すのか	社会学・メディア研究	雑誌　統計
六	なでしこジャパン	ピッチの外に何がみえるのか	社会学	雑誌　インタビュー
七	恋愛	愛情か友情か	文学	文学作品

全体に、おおむね成立した時代順となっていますので、どの章から読みはじめても大丈夫です。「社会学アプローチだけ」など、各章は完結していますので、興味のおもむくまま、積極的に拾いよみしてください。

読みやすくなるよう、豊富な写真、厳選されたグラフを使用しました。各章は四つの節とし、第1節「イントロダクション」、第4節「まとめ」で統一してあります。末尾に読書案内があるので、テーマをさらに深く知りたいとき役立つことでしょう。

3 主な読者

読者としてまず、日本文化に関心のある**高校生**、**大学生**、**専門学校生**、**社会人**を想定しています。また、「文学や社会学やメディア研究を大学で勉強してみたいけど、どんな感じなのかいま一つ分からないなあ」という人は、この本を読むことで具体的なイメージが湧くのではないでしょうか。

これからのグローバル時代に、私たち日本人が「日本文化とはどのようなものか」を知ることは、ますます求められるでしょう。ただし、「自分はこうだと思います」というだけでは、ともすれば国際社会で通用しないかもしれません。そのため、**エビデンス**を提示し「こういうデータがあるから、こう考えざるをえません」と主張することは、説得力のある議論をするために不可欠となるでしょう。この本を、そうしたトレーニングの場として活用することで、二十一世紀にふさわしい新しい教養が身につくことを願っています。

4　謝辞

この本は、成蹊大学文学部学会から、成蹊大学人文叢書のシリーズ第11巻として刊行されます。もともと、二〇一二年度に小林が中心となり、文学部現代社会学科の若手教員で勉強会を開始したことが端緒となりました（写真は勉強会の様子）。学内教員から研究のフロンティアを聞くうちに、「日本文化をテーマに成果をまとめられないか」という声があがり、現代社会学科と日本文学科の教員でおこなうこととなりました。こうした経緯から、責任編集者を現代社会学科から小林が、日本文学科から吉田が務めることとなりました。執筆者全員が同僚のため、まとまりのよいものになったかと思います。

すでにシリーズが10巻まであることから、この伝統に比肩しうるものとなるか躊躇もありました。しかし、松浦義弘学部長が「ぜひやってみたら」と我われの背中を押してくれました。成蹊大学文学部学会には、企画趣旨を理解していただき、シリーズに加えてもらいました。文学部共

同研究室の鹿野谷有希さん、田中一嘉さんには、出版社との仲介や事務作業を担当してもらいました。

風間書房の風間敬子氏には、企画の段階から参加してもらいました。とくにこの本は図版が多いため、版元との交渉を粘りづよく続けてくれました。氏のおかげで、このような形で刊行することができます。皆さまに心より感謝いたします。

二〇一五年二月

責任編集者　小林　盾
　　　　　　吉田幹生

データで読む日本文化
――高校生からの文学・社会学・メディア研究入門――

目次

はじめに　木谷眞理子　1
第一章　源氏物語　――なぜ原作と絵画化はくい違うのか　文学・メディア研究アプローチ――　小林　盾　27
第二章　和食　――だれが寿司や天ぷらを食べるのか　社会学アプローチ――　平野　多恵　43
第三章　おみくじ　――なぜ和歌が書かれているのか　文学アプローチ――　今田絵里香　67
第四章　スター　――どのようなスター像が作られてきたのか　メディア研究アプローチ――

第五章　敬老の日
——老いを敬うのか、老いを隠すのか　社会学・メディア研究アプローチ——
渡邉　大輔　95
第六章　なでしこジャパン
——ピッチの外に何がみえるのか　社会学アプローチ——
稲葉佳奈子　117
第七章　恋愛
——愛情か友情か　文学アプローチ——
吉田　幹生　143

第一章　源氏物語
――なぜ原作と絵画化はくい違うのか　文学・メディア研究アプローチ――

木谷眞理子

1　イントロダクション

映画やドラマを見てからその原作を読んだとき、あるいは、小説を読んでからその映画化・ドラマ化作品を見たときに、「あれっ？　ちょっと違うな」と思ったことはありませんか。たとえば、登場人物の性別・職業・性格などが変更されているとか、結末が異なっているとか。改変にはそれなりの理由があるはずですが、翻って原作の設定にもそれなりの意味があったはず。――原作の小説と映画・ドラマとを比較することで、小説と映画・ドラマというメディアの違いや、個々の作品の特徴などが浮かびあがってきそうです。

同様に、小説を絵画化した場合も、原作と絵画化作品がくい違っている例は少なくありません。

この章では、『源氏物語』のなかでも有名な一場面を取りあげ、その絵画化作品と比較していきます。そうすることで、物語と絵画というメディアの違いや、『源氏物語』およびその絵画化作品の特徴などを見ていこうというわけです。

取りあげるのは若紫巻、光源氏が北山でかわいらしい少女（のちの紫の上）を見出す場面です。高校の教科書にもよく掲載されているのでご存じの方も多いでしょう。まずはその場面のすこし前からあらすじを紹介します。

光源氏十八歳の三月。彼は瘧病《わらわやみ》にかかっています。瘧病というのはマラリアみたいな病気です。当時、瘧病になった人が頼るのは医師ではなく僧（上野勝之、二〇一三、『夢とモノノケの精神史——平安貴族の信仰世界』京都大学学術出版会）。光源氏もあれこれ祈祷を受けるのですが、病はいっこうに癒えません。そんなとき、この病の祈祷に優れた聖《ひじり》が北山にいると聞き、源氏みずから北山へ出向くことになります。供人四、五人とともにまだ暗いうちに出発した源氏が、桜咲く北山を分け入り、聖に会って祈祷をしてもらううちに、日が高く上がります。聖の庵室を出て眺めると、坂の下にきれいな僧坊が見えます。供人たちによれば、源氏も知っている立派な僧都《そうず》が住んでいる由。その僧坊に女性がいるようなので、どういうことだろうと話題になります。その後、源氏は背後の山に登り、美しい景色を眺めながら供人たちの雑談を聞いて気晴らしをします。そして夕方。聖がきょう一晩祈祷してから帰るように勧めるので、出発は暁と決まります。

所在ない源氏は、惟光という腹心だけを連れ、夕暮の霞に紛れて、昼間に見た坂の下の僧都の家へ行きます。こっそりと垣間見しようというのです。垣根の外から覗き見ると、すぐ目の前の部屋に尼がいます。柱にもたれて座り、脇息の上に経巻を置いて読んでいる尼君は、四十過ぎくらいで、普通の身分の人とも見えません。

さて、ここから先は原文で読んでいきましょう。

きよげなる大人《おとな》二人ばかり、さては童《わらは》べぞ出で入り遊ぶ。中に、十ばかりやあらむと見えて、白き衣《きぬ》、山吹などの萎《な》えたる着て走り来たる女子《をむなご》、あまた見えつる子どもに似るべうもあらず、いみじく生《お》ひ先見えてうつくしげなる容貌《かたち》なり。髪は扇《あふぎ》をひろげたるやうにゆらゆらとして、顔はいと赤くすりなして立てり。

「何ごとぞや。童べと腹立ちたまへるか」とて、尼君の見上げたるに、すこしおぼえたるところあれば、子なめりと見たまふ。「雀《すずめ》の子を犬君《いぬき》が逃がしつる、伏籠《ふせご》の中《うち》に籠《こ》めたりつるものを」とて、いと口惜《くちを》しと思へり。このゐたる大人《おとな》、「例の、心なしのかかるわざをしてさいなまるるこそいと心づきなけれ。いづ方《かた》へかまかりぬる、いとをかしうやうやうなりつるものを。烏《からす》などもこそ見つくれ」とて立ちて行く。髪ゆるるかにいと長く、めやすき人なめり。少納言の乳母《めのと》とぞ人言ふめるは、この子の後見《うしろみ》なるべし。★

尼君、「いで、あな幼《をさな》や。言ふかひなうものしたまふかな。おのがかく今日明日《けふあす》におぼゆる命をば何とも思したらで、雀慕《したひ》たまふほどよ。罪得《つみう》ることぞと常に聞こゆるを、心憂く」とて、「こちや」と言へばついゐたり。

つらつきいとらうたげにて、眉《まゆ》のわたりうちけぶり、いはけなくかいやりたる額《ひたひ》つき、髪《かむ》ざしいみじううつくし。ねびゆかむさまゆかしき人かな、と目とまりたまふ。さるは、限りなう心を尽くしきこゆる人にいとよう似たてまつれるがまもらるるなりけり、と思ふにも涙ぞ落つる。

尼君、髪をかき撫《な》でつつ、「梳《けづ》ることをうるさがりたまへど、をかしの御髪《ぐし》や。いとはかなうものしたまふこそ、あはれにうしろめたけれ。かばかりになれば、いとかからぬ人もあるものを。故姫君は、十ばかりにて殿に後《おく》れたまひしほど、いみじうものは思ひ知りたまへりぞかし。ただ今おのれ見棄《みす》てたてまつらば、いかで世におはせむとすらむ」とていみじく泣くを見たまふも、すずろに悲し。幼心地《をさなごこち》にも、さすがにうちまもりて、伏し目になりてうつぶしたるに、こぼれかかりたる髪つやつやとめでたう見ゆ。

（『新編日本古典文学全集　源氏物語』（小学館）より引用）

現代語訳は次の通り。（『新編日本古典文学全集　源氏物語』の訳を一部改変。）

こざっぱりした女房が二人ほど、それから女童《めのわらわ》が出たり入ったりして遊んでいる。その中に、十歳くらいかと見えて、白い衣に、山吹などの糊気がとれてくたくたになった表着《うわぎ》を着て、走って来た女の子は、大勢姿を見せていた子どもたちとは比べものにならず、成人後の美貌もさぞかしと思いやられて、見るからにかわいらしい顔だちである。髪は扇を広げたようにゆらゆらとして、顔は手でこすってひどく赤くして立っている。

「何事ですか。子どもたちと喧嘩をなさったの」と言って、その尼君が見上げている顔だちに、少し似たところがあるので、これは娘なのだなと源氏の君はごらんになる。「雀の子を犬君《いぬき》が逃がしちゃったの。伏籠《ふせご》の中にちゃんと入れておいたのに」と言って、いかにも残念そうにしている。そこにすわっている女房が、「また、あのうっかり者がこんなことをしてお叱りを受けるなんて、ほんとにいけませんね。雀はどこへ行ってしまったのかしら。ほんとにかわいらしくだんだんなってきていましたのに。烏などが見つけたら大変だわ」と言って、立ってゆく。髪がゆったりとして、とても長く、見た目に無難な人のようである。少納言の乳母《めのと》と人が呼んでいるらしいこの人は、この子の世話役なのだろう。★

尼君は、「まあ、なんと年がいもない。たわいなくていらっしゃるのですね。わたしがこうして今日明日とも知れない命であるのを、なんともお思いにならないで、雀を追いかけていらっしゃるなんて。罰があたりますよといつも申しておりますのに、情けないこと」と言って、「こちらへおいでなさい」と言うと、女の子はそこに膝をついてすわる。

顔つきがまことに可憐で、眉のあたりはほんのりとけぶるみたい、あどけなくかき上げている額の様子、髪の生えざまが、たいそうかわいらしい。これからどんなに美しく成人していくか、その様子を見届けたいような人だなと、源氏の君はじっと見入っていらっしゃる。というのも、じつは、限りなく深い思いをお寄せ申しあげているお方に、ほんとによくお似申しているので、しぜん目をひきつけられるのだ、と思うにつけても涙がこぼれてくる。

尼君が、髪をかきなでながら、「櫛を入れるのをおいやがりですけれど、きれいな御髪《おぐし》ね。まったくたわいもなくていらっしゃるのが、不憫で気がかりです。これくらいのお年になれば、ほんとにこんなふうではない人もいますのに。亡くなった姫君は十ばかりで、父君に先立たれなさったころ、なんでもよくわきまえていらっしゃいましたよ。たった今にもこのわたしが世を去ってあなたをお見捨て申したら、どうやって暮していかれるおつもりでしょう」と言ってひどく泣くのをごらんになると、源氏の君はわけもなく悲しいお気持になられる。女の子は、幼心地にも、さすがに尼君をじっと見つめて、伏し目になってうつむいたところに、こぼれかかってくる髪は、見るからにつやつやとみごとな美しさである。

まずは、この場面に登場する人物を整理しましょう。垣根の外に光源氏と惟光。家の中には尼君、それから女房が二人ほど、さらには少女たちが出たり入ったりして遊んでいます。このうち台詞があるのは、四十過ぎの「尼君」と、十歳くらいかと見える少女、そして「少納言の乳母」と呼ばれている女房です。この十歳ほどの少女こそが、のちの紫の上、『源氏物語』のヒロインです。この章では彼女を「若紫」と呼ぶことにします。

若紫たちが今いるのは、尼君の兄の僧都の家です。このあと、光源氏は僧都に招かれてこの家に泊まり、僧都から尼君や若紫の素性などを聞き出します。右に引用した場面で光源氏は、尼君と若紫は似ているので母娘だろうと思っていますが、僧都によれば、二人は祖母と孫娘。さらに、若紫は兵部卿宮の娘であることが判明します。兵部卿宮には別に正妻がいて、その正妻のせいで若紫の母は気苦労が絶えず、心労から病を得て亡くなったことも分かります。兵部卿宮の妹が藤壺なので、若紫は藤壺の姪にあたります。藤壺というのは、光源氏の父である桐壺帝の妻で、源氏が秘かに慕っている女性です。以上を系図の形に整理すると、図1のようになります。

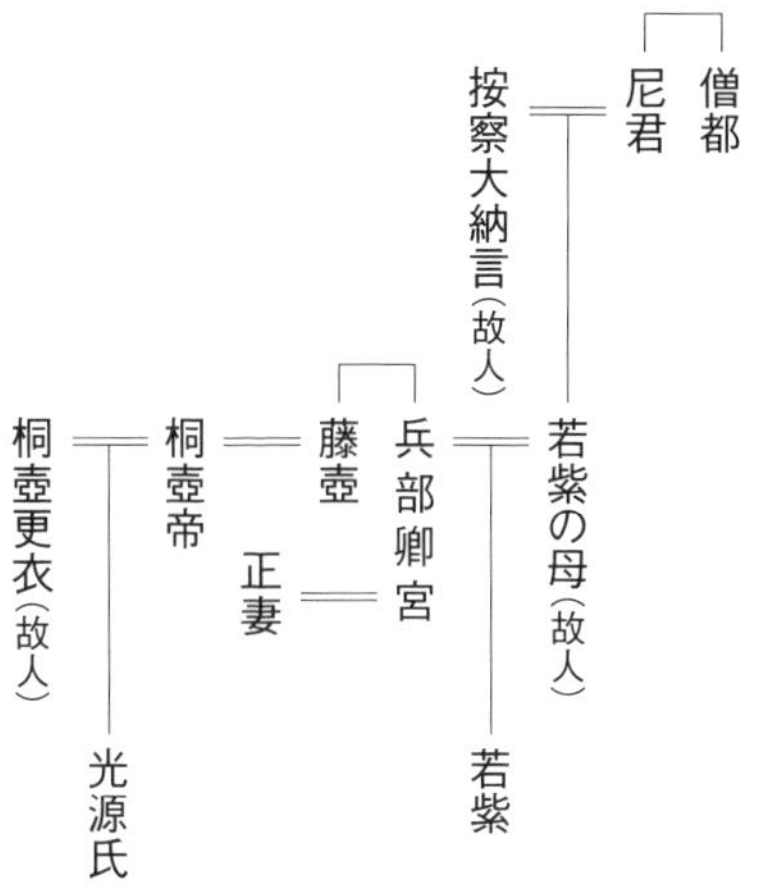

図1

垣間見している光源氏は、若紫の年齢を「十ばかりやあらむと見」ていますが、実際はもうすこし上のようです（藤井貞和、一九八五、『物語の結婚』創樹社）。僧都は、若紫の母について「亡せてこの十余年にやなりはべりぬらん」（亡くなってから十年余りになりましょうか）と、若紫については「（母親ガ）亡くなりはべりしほどにこそはべりしか」（母親が亡くなりましたそのころに生まれました）と語るのです。つまり、若紫誕生から足かけ十年余りが経った、ということになります。生まれた年を一歳とする「数え年」で言うと、この垣間見の時点で若紫は少なくとも十一歳になっているものと思われます。
次の節では、この場面を描いた絵を見ていくことにしましょう。

2　十七世紀の二図の比較

北山の垣間見場面を描いた十七世紀の絵を見ていきます。まずは図2（カラー図版は口絵1）。画面左下、垣根のところに男性が二人います。赤い衣装を着て覗き見ているのが光源氏、その傍らの緑の衣装は惟光のはずですが、光源氏と同年配の惟光にしては年取って見えます。画面右側に描かれた家へ目を移しましょう。室内には畳が敷かれ、そこに女性が二人います。脇息にもたれて座っている、肩あたりで髪を切りそろえた女性は若紫の祖母の尼君、そのすぐ前に立っている少女は若紫でしょう。「く」の字型の縁側にも女性が二人います。大人のほうは少納言の乳母、少女のほうはおそらく犬君でしょう。若紫と少納言の乳母と犬君は、片手を差し伸べています。その手の先を見ると、桜の枝の間に雀が飛んでいます。また、室内の右端には伏籠が転がっています。おそらく犬君が伏籠を転がしてしまい、その中に入れて飼っていた雀が逃げてしまったのでしょう。

十七世紀の絵をもう一つ、図3を見てみましょう。花やかに彩色された図2と異なり、図3はもともと白黒ですが、両者を比べると、よく似ています。図3を左右反転させた図4は、図2にかなり重なります。図2も図4も、画面左下に垣根があり、そこに光源氏と惟光がいます。また、画面右側の家の中には若紫と脇息にもたれる尼君、「く」の字型の縁側には女房と少女がいます。しかし図4（図3）では、若紫たちが手を差し伸べていませんし、雀も伏籠も描かれていません（清水婦久子編、二〇〇二、『絵入源氏　若紫巻』おうふう）。さて、図2と図3ではどちらのほうが原作に近いか、考えてみてください。

図2　「源氏物語絵色紙帖」若紫
（土佐光吉　京都国立博物館蔵）

原作をもう一度よく読んでみましょう。光源氏が覗いていると、若紫が走って来て祖母や乳母の前に立ちます。彼女は泣いた顔を手でこすり、真っ赤にしています。祖母が「何事ですか」などと尋ねると、「雀の子を犬君が逃がしちゃったの。伏籠の中にちゃんと入れておいたのに」と訴えます。それを聞いた少納言の乳母が「雀はどこへ行ってしまったのかしら」などと言いながら、立って探しに行きます。祖母は若紫に「まあ、なんと年がいもな

図3　「慶安本絵入源氏物語」若紫
（山本春正　成蹊大学図書館蔵）

い」などと小言をいい、「こちらへおいでなさい」と言うと、若紫は膝をついて座ります。つまり、光源氏が覗いている目の前で雀が逃げていったわけではないのです。光源氏からは見えないところで、遊び仲間の犬君が伏籠を転がして雀を逃がしてしまった、そこで若紫は泣きじゃくりながら祖母と乳母のもとへ走って来て犬君の暴挙を訴えた、その訴えるところを源氏が覗き見た、ということのようです。とすれば、原作により忠実なのは図3であり、図2のほうは原作とややくい違っている、ということになります（吉海直人、二〇一二、「紫式部と源氏文化　若紫巻の「雀」を読む」、高橋亨編『「紫式部」と王朝文芸の表現史』森話社）。

図2と図3はよく似ているのに、原作との距離に、なぜこのような差が生じるのでしょうか。それは、図2と図3のメディアに違いがあるからだと考えられます。

図3は挿絵です。『源氏物語』の全文を刻した挿絵入り版本のうち、慶安三年（一六五〇）山本春正の跋文《ばつぶん》（あとがき）がある本を「慶安本絵入源氏物語」などと呼びます。この本では、『源氏

物語』五十四帖のすべてに挿絵が入っていて、その数は合計二二六図にのぼります。そのなかの一図が図3なのです。なかには見開き二ページ大の挿絵もありますが、図3も含め、多くの挿絵は一ページ分の大きさです。第1節に原文を掲げましたが、そのなかの★印のところでページが変わり、図3が入るのです。

図2は「源氏物語絵色紙帖」（京都国立博物館蔵）のなかの一図、作者は土佐光吉です。「源氏物語絵色紙帖」は、絵の色紙と、対応する詞書の色紙とを、見開きに貼った画帖《がじょう》です。図2に対応する詞書の色紙には、「『雀の子を犬君が逃がしつる。伏籠《ふせご》のうちに籠めたりつるものを』とて、いと口惜しと思へり。このゐたる大人、『例の心なしの、かかるわざをしてさいなまるるこそ、心づきなけれ』」と書かれています。このように詞書は短いものばかりで、原作の物語をよく知らない人が読んでも何のことか分かりません。絵の色紙も詞書の色紙も五十四枚ずつあります。本来は『源氏物語』五十四帖について、各帖から一場面ずつ選び、その場面を短い詞書と絵で表す作品だったのでしょう。しかし、絵

図4　（図3の左右反転）

師の土佐光吉が制作途中で亡くなり弟子が引き継いだため、『源氏物語』五十四帖のうち最後の六帖分が無く、代わりに夕顔巻などの六帖が重複する、という変則的な構成になっています。

図3を含む「慶安本絵入源氏物語」は、『源氏物語』の全文と二二六図の絵から成っています。『源氏物語』の全文があるので、それを読めば物語は分かります。主となるのは文字情報、絵は補助的な役割を果たせばよいのです。図3は『源氏物語』本文のあいだに挿まれていてはじめて理解できる絵ですが、それで構わないのです。絵のすぐ隣に対応する原文があるのですから、原作に忠実に描くのは当然といえるでしょう。

対するに、図2を含む「源氏物語絵色紙帖」には、五十四図の絵とそれらに添えられた短い詞書しかありません。「源氏物語絵色紙帖」を見る人にとって、短すぎる詞書はあまり頼りになりません。となると、主となるのは絵です。絵を見ただけで、長く複雑な『源氏物語』のどの場面を描いたものか、すぐにピンと来るようでなくてはならないのです。図2の、垣間見する男、飛び去る雀、転がる伏籠といったモチーフは容易に、若紫巻の北山での垣間見場面を思い起こさせます。「源氏物語絵色紙帖」という作品においては、原作から多少離れても、図2のように描くのが正しい選択、といえるでしょう。

ところで図2には、他にも原作と異なる点があります。たとえば明るさ。原作には「夕暮のいたう霞みたる」とありますが、図2は真昼のように見えます。ところで、いま注目したいのは若紫の衣装です。原作には「白き衣、山吹などの萎えたる着て」とありますが、図2の若紫は、赤の上に白を重ねており、つまり「桜襲《さくらがさね》」を着ているようです。なぜ図2は、原作の指定を無視して、若紫に桜襲を着せたのでしょうか。

それはおそらく、若紫がしばしば桜と重ねて語られるからです。たとえば、北山から京へ戻った翌日、光源氏は北山の人々へ手紙を送ります（若紫巻）。若紫には、「面影は身をも離れず山桜心のかぎりとめて来《こ》しかど」（山桜の美しい面影は私の身をも離れません。私の心のありたけをそちらに置きとどめてきたのですが）という和歌を贈りますが、歌中の「山桜」は若紫を指しています。あるいはそれから二十年ほど後の台風の日、紫の上の姿を目にした夕霧は、「春の曙の霞の間より、おもしろき樺桜《かばざくら》の咲き乱れたるを見る心地」（春の曙の霞の間から、みごとな樺桜が咲き乱れているのを見ている心地）がします（野分巻）。夕霧というのは光源氏と葵の上の息子です。この二例にとどまらず、若紫（＝紫の上）は繰り返し「桜」に重ねて語られます。「桜」といえば花のなかの花。それに重ねられる若紫（＝紫の上）の花やかさ輝かしさが分かろうというものです。だからこそ土佐光吉は、若紫が初めて登場する北山の垣間見場面を描くにあたり、彼女に桜襲の衣装を着せたのではないでしょうか。

しかしだとすれば、なぜ原作は若紫に、桜襲ではなく「白き衣、山吹などの萎えたる」という衣装を着せたのでしょうか（原岡文子、一九九五、「『源氏物語』の子どもをめぐって――紫の上と明石の姫君――」『むらさき』三十二輯）。

『源氏物語』の登場人物に末摘花という人がいます。醜女で有名な人物ですが、教養やセンスが時代遅れと非難される人物でもあります。彼女は時々衣装を人に贈るのですが、とんでもない代物ばかりです。たとえば成人式を迎える玉鬘に、青鈍色の細長と、昔の人がもてはやした落栗《おちぐり》色の袴と、紫が白《しら》けて見える霰《あられ》模様の小袿《こうちき》とを贈っています（行幸巻）。これは、お祝い事なのに青鈍という喪服のような色の衣装を贈っている点、生地が古びて色褪せている点、そして落栗という流行遅れの色である点が問題でしょう。別の場面では、艶も失せて古びている薄紅色の単衣《ひとえ》と、表裏とも同じように濃い紅色の直衣《のうし》を贈ったり（末摘花巻）、袖口がひどくすすけている山吹の袿《うちき》を、下に衣を重ねないで贈ったりしています（玉鬘巻）。どちらも、古びているのに加え、紅系や山吹の一色だけで他の色と取り合わせていないのが流行遅れ、といった問題があるようです。

落栗とは異なり、山吹自体は流行遅れの色ではないようです。たとえばセンスのよい光源氏が玉鬘のために選んだ正月の衣装は、真っ赤な袿《うちき》に山吹の細長（玉鬘巻）でした。この物語のなかで、赤と山吹の取り合わせ、あるいは、薄紫と山吹の取り合わせは「はなやか」と評されています。その一方で、山吹を地味な色としている箇所もあります。たとえば若紫は、祖母尼君の喪が明けた後も、故人は母代わりであったからと、「まばゆき色にはあらで、紅、紫、山吹の地のかぎり織れる御小袿など」（派手な色合いではなく、紅、紫、山吹の無地の御小袿など）を着ています（紅葉賀巻）。どうやら山吹は、取り合わせる色によって、はなやかになったり地味になったりするようです。

若紫が垣間見場面で着ているのは「白き衣、山吹など」。この取り合わせは、山吹一色の衣装を贈る末摘花のセンスに近いものがあります。やや流行遅れの地味な衣装を着ている少女、それが北山の若紫なのではないでしょうか。光源氏は若紫のことを「あまた見えつる子どもに似るべうもあらず、いみじく生《お》ひ先見えてうつくしげなる容貌《かたち》なり」と絶賛していますが、彼女はほんとうに賞賛すべき素晴らしい少女なのでしょうか。

3　あさきゆめみしと原作の比較

若紫はどんな少女だったのかを見極めるために、『あさきゆめみし』と原作を比較してみましょう。『あさきゆめみし』は、大和和紀氏による『源氏物語』の漫画化作品です。一九七九年より少女向け漫画雑誌『mimi』（講談社）で連載開始、のち『mimi Excellent』に移り、一九九三年に完結しました。単行本（全十三巻）、大型版（全七巻）、文庫版（全七巻）、完全版（全十巻）など、さまざまな版が出ています。

『あさきゆめみし』は北山の垣間見場面を、原作にかなり忠実に漫画化していますが、若紫の台詞にはいささか改変を施しています。若紫の台詞は、第1節に引用した原文ではただ一つ、二重傍線を施した「雀の子を犬君が逃がしつる、伏籠の中に籠めたりつるものを」だけでしたが、『あさきゆめみし』では三つに増えています。次に掲げる①～③です。版によって台詞がすこし異なっているところもあるので、完全版から引用します。

①「雀の子を犬君がにがしてしまったの
伏せ籠にいれてあったのに」（図5）

②「だって…… からすにでも見つけられたらかわいそう……」

③「ごめんなさい　おばあちゃま　そんなにお泣きにならないで　……ねえ」

図５　『あさきゆめみし』完全版より（大和和紀著、講談社、2008年、全十巻のうち、第一巻158頁）

①は、原作の若紫の台詞とほぼ同じです。倒置の語順を正せば、「雀の子を伏せ籠にいれてあったのに、犬君がにがしてしまったの」くらいになるでしょう。これを倒置にすると「犬君」が前に出てくるわけですが、そこに、雀を逃がした犬君に対する腹立たしさが感じられます。原作では、台詞の直後に「とて、いと口惜しと思へり」とあり、犬君が雀の子を逃がしてしまって、腹立たしい！　ほんとうにがっかり！　といった気持が伝わってきます。しかし『あさきゆめみし』の若紫は、①の台詞をもっと別の感情とともに口にしているようです。図5を見てください。この若紫の表情から、腹立たしさや失望などは読み取れません。これは、雀の身を案じてい

る表情ではないでしょうか。つまり原作の若紫は、雀を逃がした犬君に腹を立て残念がる子どもっぽい女の子ですが、『あさきゆめみし』の若紫は、逃げた雀の身を案じる優しく思いやりに満ちた少女なのです。

②は、原作の「烏などもこそ見つくれ」という台詞（第1節の引用の枠囲い）によく似ていますが、原作のほうは少納言の乳母の台詞です。乳母は、逃げた雀の子を烏などが見つけたら大変、と言って雀を探しに行くのです。『あさきゆめみし』ではこの台詞を生かしつつ話者を変えて、「生きものを閉じこめて飼ったりするのは罪なことだといいきかせてあるのに」とたしなめる祖母尼君への、若紫の反論に仕立てているのです。原作でも尼君は、「罪得ることぞと常に聞こゆるを、心憂く」とたしなめていますが、若紫の反論はありません。原作の若紫は、生きものを飼うのは罪なこと、と祖母尼君が常日ごろ注意しているにもかかわらず、心のままに雀を飼ってしまう聞かん気な子どもなのです。一方、『あさきゆめみし』の若紫は、生きものを飼うのは罪なこと、とたしなめる尼君に対し、雀の子が烏に見つかったらかわいそう、雀の子を烏から守るために飼っていたのだ、と筋の通った反論をしており、賢く優しい少女であることが分かります。

③は、原作に対応するものがない、大和和紀氏のつくった台詞です。「もしもきょうにでもおばあちゃまがはかなくなってしまったら　いったいこの先どうなさるのかと……　おばあちゃまは死ぬに死ねない気持ちですよ」などと嘆く祖母を慰めようとする台詞です。原作の祖母も、「ただ今おのれ見棄てたてまつらば、いかで世におはせむとすらむ」などと嘆くのですが、若紫

は、「幼心地にも、さすがにうちまもりて、伏し目になりてうつぶしたる」という反応で、無言です。彼女の気持ちは、祖母をじっと見つめ、やがて視線を落としてうつむく、というその振舞いから伝わってくるのです。祖母に言葉をかけて慰めようとする『あさきゆめみし』の若紫よりも、ずっと幼い印象です。

以上から、『あさきゆめみし』の若紫は、優しく思いやりがあり、自分の考えや思いを言葉にできる賢い少女であることが分かります。対するに原作の若紫は、遊びに夢中で、言葉よりも動作のほうが雄弁な、やんちゃな子どもです。少女を読者とする『あさきゆめみし』は、少女たちの憧れとなるような魅力的なヒロイン像を、その初登場シーンから確立したかったのかもしれません。翻って原作の若紫は、なぜこんなに幼いのか、光源氏が絶賛するにふさわしい少女なのか、いよいよ疑問がふくらんできます。

ここまで見てきた以外にも、若紫にはけっして褒められない点があります。身分高い姫君は走ってはいけないのに、彼女は走っています。また、泣いて顔をこすり真っ赤にしているのも、姫君らしくありません。眉を抜いて眉墨を引くという手入れをまだしておらず、それどころか、髪を梳かすのさえ嫌がる始末です。自分が女性であり、身分も低からぬことを自覚していない様子です。それは彼女がまだ子どもだから、なのでしょうか。しかし第1節で見たように、彼女は現在少なくとも十一歳。十一歳といえば、光源氏と明石の君の娘である明石の姫君が皇太子と結婚する年齢です。明石の姫君は生まれたときから、后になるべく育てられてきました。この姫君に比して若紫は、将来の結婚に備えて「姫君」の型にはめ込む教育を施されたようにはあまり見えず、自由でやんちゃでいささか幼すぎるように感じられます（「『源氏物語』の子どもをめぐって」）。

実際、祖母の尼君も若紫の幼さをしきりと心配しています。第1節に引用した原文の傍線部を見てください。「いで、あな幼や。言ふかひなうものしたまふかな」とか、「いとはかなうものしたまふこそ、あはれにうしろめたけれ。かばかりになれば、いとかからぬ人もあるものを」などと言っており、若紫が年齢のわりに幼いことを心配しています。尼君が孫娘の幼さを案じるのは、「おのがかく今日明日におぼゆる命」のせいです。余命幾許もないと自覚するゆえに、「ただ今おのれ見棄てたてまつらば、いかで世におはせむとすらむ」と、自分の死後、孫娘がどうやって生きていくのか、心配せずにはいられないのです。若紫の母はずっと前に亡くなっています。いま母代わりの祖母尼君が亡くなったら、若紫は父兵部卿宮のもとに引き取られることになるでしょう。しかしその父の正妻は、若紫の母に心痛を与え、病死に追い込んだ張本人です。そんな継母と、幼い若紫がうまくやっていけるのでしょうか。祖母尼君が心配するのも尤もなのです。

このように年齢以上に幼く頼りない若紫なのですが、光源氏はなぜこんな子を絶賛するのでしょうか。

第1節に引用した原文の波線部に注目してください。光源氏が若紫をはじめて見たとき、その第一印象は、「あまた見えつる子どもに似るべうもあらず、いみじく生ひ先見えてうつくしげなる容貌なり」でした。他の子どもとは全然違う、将来の美貌が想像できて、かわいらしい顔だちだ、と感じています。光源氏は若紫を見るなり、彼女が成長した姿を思い浮かべているわけですが、なぜそんな想像ができたのでしょうか。答えはそのすこし先、二つめの波線部に出てきます。「ねびゆかむさまゆかしき人かな、と目とまりたまふ。さるは、限りなう心を尽くしきこゆる人にいとよう似たてまつれるがまもらるるなりけり、と思ふにも涙ぞ落つる」とあって、ここでも光源氏は、成長していく様子を見たい人だな、と思いながら若紫にじっと見入っています。そのときふと思いあたるのです。限りなく心を尽くしてお慕いしている方——つまり藤壺——によく似ているから目がひきつけられるのだ、と。あとで分かることですが、若紫は藤壺の姪なので、似ているのも道理なのでした。この時点で藤壺は二十三歳。おそらく光源氏は、若紫を一目見たときから、彼女のなかに二十代の藤壺を見ていたのでしょう。つまり、若紫の「生ひ先」「ねびゆかむさま」とは、藤壺の姿にほかならなかったのです。

4　まとめ

平安時代の物語には、垣間見の場面が少なくありません（今井源衛、一九四八、「古代小説創作上の一手法―垣間見に就いて―」『国語と国文学』二十五巻三号）。『源氏物語』にも、空蝉と軒端荻が碁を打つ様子を光源氏が垣間見る場面、蹴鞠見物の女三の宮を柏木が垣間見る場面、宇治の姉妹が合奏する様子を薫が垣間見る場面など、数多くの垣間見場面があります。この章で取りあげた北山の垣間見もその一つなのですが、この場面、じつは一風変わっています。

垣間見といえば、妙齢の女性を男性が垣間見て恋心を抱く、というのが一般的です。ところが北山の垣間見で光源氏が見たのは、十歳くらいの女の子なのです。普通なら、この垣間見は「大失敗」のはず。ところが光源氏は垣間見のあとで「あはれなる人を見つるかな」などと思っていて、「大成功」の垣間見と位置付けているのです。

風変わりな点は、それだけではありません。垣間見場面ではしばしば、物語の語り手が「見る人」に寄り添い、ほぼ一体化します。この北山の垣間見場面でも、語り手は「見る人」である光源氏に寄り添い、彼にほぼ同化して語り進めています。映画にたとえれば、「見る人」の位置にカメラを据えて「見られる人」を撮影する感じです。これによって読者は、「見る人」光源氏が「見られる人」若紫をどのように見たか、を知ることができます。ところが北山の垣間見場面では、もう一つの見方がさりげなく伝えられるのです。

この場面で光源氏は、「見る」だけでなく「聞いて」もいるのです（吉海直人、二〇〇八、『「垣間見」る源氏物語　紫式部の手法を解析する』笠間書院）。祖母尼君は若紫に語りかけます。若紫をどのように見ているか、どんなに心配しているか、その言葉を光源氏は聞いています。読者もまた聞いています。したがってこの場面から読者は、若紫について二様の見方を知ることになるのです。一つは光源氏の見方、もう一つは祖母尼君の見方。そして、この二つはおおいに異なっているのです。

光源氏は若紫を見ながら、今から十年ほど後の素晴らしい姿、すなわち藤壺の姿を幻視しています。彼も、「走り来たる」とか「顔はいと赤くすりなして立てり」といった若紫の幼い様子を目にしてはいるのですが、その年齢を「十ばかりやあらむ」と実際より幼く見積もっているため、年のわりに幼いという感想を抱くことはありません。光源氏は、垣間見のあとで「かの人の御かはりに、明け暮れの慰めにも見ばや」（あのお方の代わりに、明け暮れの心の慰めとしても見たい）と思い、また僧都から若紫の素性・境遇を聞いたあとで「心のままに教へ生《お》ほし立てて見ばや」（思いのままに教え育ててみたい）と思っています。源氏にとって若紫の元気いっぱいの幼さは、彼女が生の輝きにあふれた人間であることと、妙な癖がついておらず、伸び代がたくさんあって、教え育て甲斐のあることとを意味しているのでしょう。一方の祖母尼君は、年齢よりも幼く、自分の立場が分かっていない若紫を愁え、今日明日にも自分が死んだらこの愛おしい孫娘はどうなるのかと案じています。尼君が予想する若紫の近い将来は、かなり暗鬱なものです。つまり、光源氏は十年ほど後の輝かしい姿を見ていますが、祖母尼君は現状の厳しさを見つめ、近い将来の暗さを予感しているのです。

物語の語り手は光源氏に寄り添っているので、われわれ読者も源氏の見方につい共感してしまいますが、しかし落ち着いて考えれば、祖母尼君の見方のほうがよほど真っ当です。十一歳以上にもなって、友だちが雀を逃がしたと腹を立て、祖母たちのもとに走って来て告げ口し、泣いて顔を真っ赤にこすり、祖母に説教されてもまともに返事できない子が、保護者を亡くして継母の手中に落ちたらどんなことになるか、心配して当然です。

北山の垣間見場面を映画化する、と想像してみましょう。原作に書かれているとおりに、舞台を用意し、役者に演技してもらうのです。しかし、舞台となる桜咲く北山は絵になりますが、四十過ぎの体調が悪そうな尼君や、顔だちはかわいらしいけれど冴えない衣装を着た子どもっぽい若紫、主に登場人物の会話によって進む物語などは、いまひとつ魅力に欠けています。図3を彷彿させる、地味な画面になってしまいそうです。これは、祖母尼君の目に映じている物語世界に近いでしょう。

しかし原作には、もっと華やかな雰囲気があります。それは、光源氏の「歪んだ目」のせいです。彼は、冴えない子どもにすぎない若紫に、帝の寵妃である藤壺の姿を重ね見ています。この「歪んだ目」で見れば、地味で冴えない可能性の閉ざされた世界が、輝かしい可能性に満ちた明るい世界へと変ずるのです。図2は、原作にしたがって物語世界を客観的に再現した絵ではありません。しかし「歪んだ目」で見れば、北山の僧都の家には図2のように、桜襲の衣装をつけた若紫らが、飛び立つ雀へと手を差し伸べる、躍動感に満ちた明るく華やかな世界が現出するのかもしれません。図2を含む「源氏物語絵色紙帖」は、わずか五十四対の絵と詞書でもって『源氏物語』を表そうという作品です。そのため、一枚の絵になるべく多くのことを封じ込めようとする傾向があります。図2は、北山の垣間見場面を描きつつも、そこに、のちの物語で実現していく若紫の輝かしい未来をも封じ込めようとしたのではないでしょうか。

要するに、図3は祖母尼君の見ている世界、図2は光源氏の見ている世界なのかもしれない、ということです。そして原作は、この二つの世界を重ねて提示しています。絵画と違って、物語というメディアにはそれが可能なのです。祖母尼君の予想が的中するのか、それとも光源氏の幻視が実現するのか。若紫の運命は暗く閉ざされるのか、それとも明るく開かれるのか。二つの可能性のあいだにあって、若紫はあくまで無心です。彼女を台風の目として、物語はいまにも動きだそうとしています。彼女の運命は如何に？　と読者の興味は掻き立てられ、ページを繰る手がとまらなくなります。そこに、北山の場面が読み継がれ愛されてきた理由の一端があるのかもしれません。

『源氏物語』は千年間にわたり、さまざまなメディアにおいて多様に変奏されつつ受け継がれてきました。今後も新たなメディア、新たな変奏によってこの作品は受け継がれていくことでしょう。そうした変奏によって、原作の魅力がさまざまな角度から照らし出されていくのです。

読書案内

『源氏物語』の若紫巻については、原岡文子『『源氏物語』に仕掛けられた謎――「若紫」からのメッセージ』（二〇〇八、角川学芸出版）が多様な角度から詳しく論じています。

第二章　和食
――だれが寿司や天ぷらを食べるのか　社会学アプローチ――

小林　盾

1　イントロダクション

(1) 和食がユネスコ無形文化遺産に

二〇一三年一二月、国連教育科学文化機関(ユネスコ)は日本の食文化「和食：日本人の伝統的な食文化」を、無形文化遺産に登録しました(図1)。和食の特徴として、「新鮮で多様な食材とその持ち味の尊重」「栄養バランスに優れた健康的な食生活」「自然の美しさや季節の移ろいの表現」「正月行事などの年中行事との密接な関わり」が認められました(朝日新聞、二〇一三年一二月五日)。

図1　和食

無形文化遺産とは、二〇〇六年にスタートし、芸能、祭り、伝統工芸などが対象となっています。日本からは歌舞伎や能楽などに続いて、二二件目となります。

無形文化遺産のうち、食事にかんするものは他に「フランス料理」「地中海料理」「メキシコ料理」「トルコ料理」「トルココーヒー」「韓国料理（キムチ）」があります（図2）。ユネスコでは他に、文化遺産（日本では法隆寺など二〇一四年九月までに一四件）や自然遺産（屋久島など四件）を登録しています。

図2　フランス料理

（2）和食の成立

和食はもともと、中国の料理や仏教的な精進料理に影響されながら、室町時代ごろ本膳（ほんぜん）料理として成立しました（熊倉功夫、二〇〇七、『日本料理の歴史』吉川弘文館）。本膳料理には飯、汁、菜（おかず）、香（漬け物）が一通りあり、和食の基本形が整いました。その後、戦国時代から江戸時代にかけて茶の湯とともに、懐石料理として発展します。

(3) どうイメージされているのか

さて、和食がユネスコに登録されるとき、「多様な食材」「優れた栄養バランス」などの特徴が評価されました。とすると、私たち日本人も「和食は他の食べ物とはちょっと違う」と認識しているはずです。いわば、心の中に二つ引き出しがあり、さまざまな料理を和食と和食以外にわけてしまっているはずです。では、実際のところどうなのでしょうか。

和食の中でも、「高級なもの」と「そうでないもの」に分かれているかもしれません。いわば、和食をさらに別々の引き出しにいれているということです。しかし、これまでこうしたデータがありませんでした。ここにもしパターンがあり、引き出しが多くの人に共有されているなら、それは個人の意思をこえています。社会学ではそうしたパターンを「社会構造」とよんでいます。

(4) どう食べられているのか

さらに、どれくらいの人が和食を食べているのでしょうか。総務省家計調査によれば、二〇〇〇年に一世帯あたり一か月に二、六〇三円を米に支出していました。これが二〇一三年には一、七八七円へと減少しました。魚介類は六、八九六円から四、九八九円へと減りました。このように、素材別の消費量については、データがあります。

ただし、米はリゾットやパエリヤに使えば洋食になりますし、チャーハンにすれば中華料理になります。そのため、この統計では「和食がだれに、どれくらい食べられているのか」はわからず、ともすれば見過ごされてきました。

また、男女、年齢、未婚か既婚かなど、所属するグループによってライフスタイルが異なるかもしれません。そうだとしたら、グループごとに食事のパターンが違っている可能性があります。もしパターンが見いだされたなら、ここでも社会構造が影響しているのでしょう。

2 データ

(1) 調査の概要

そこで、データでよみといてみましょう。ここでは「二〇一一年ライフスタイルについての西東京市民調査」というアンケート調査をデータとして使用します。この調査は、成蹊大学文学部現代社会学科の「社会調査演習」という授業で、学生が私と一緒におこないました(図3)。ランダムサンプリングにもとづく郵送調査で、二〇一一年七〜八月に実施されました。母集団(本来の調査対象者)は東京都西東京市在住の二一〜六九歳の人びと約一六万人で、計画標本(実際の調査対象者)は五〇〇人(うち有効四九四人)、有効回収は二九四人(回収率五九・五%)でした(詳しくは小林盾・渡邉大輔編、二〇一二、『成蹊大学社会調査実習二〇一一年度報告書』)。

分析では、以下のすべての質問に回答した二八三人を対象とします(これを標本といいます)。

標本の内訳は、男女別で男性四九%、女性五一%、年代別で二〇代一二%、三〇代二一%、四〇代二二%、五〇代二〇%、六〇代二五%、婚姻状態別で配偶者なし三一%、配偶者あり六九%、教育別で中学卒五%、高校卒四一%、短大・高専卒一一%、大学・大学院卒四三%、働き方別で自営一一%、正社員・公務員三五%、非正規雇用（派遣・契約・嘱託・パート・アルバイト・臨時雇用）二八%、無職二七%、世帯収入別で〇〜三九九万円二四%、四〇〇〜七九九万円四二%、八〇〇万円以上三五%でした。

図3　データ入力の様子
（成蹊大学文学部「社会調査演習」の授業）

(2) 月一回以上食べるか

この調査では、代表的な和食料理として、「うなぎ」「寿司」「天ぷら」「焼き魚・煮魚」「みそ汁」を取りあげ、「普段月一回以上食べますか」と質問しました。比較のために、「コロッケ・フライ」「スナック菓子・駄菓子」「カップ麺・インスタント麺」についてもききました。合計八つの食べ物になります。これまでの調査から、この八つだと、さまざまな違いがでやすいことが分かっています。

では、どれくらいの人がそれらを食べていたのでしょうか。図4のようになりました。焼き魚・煮魚（ここからは

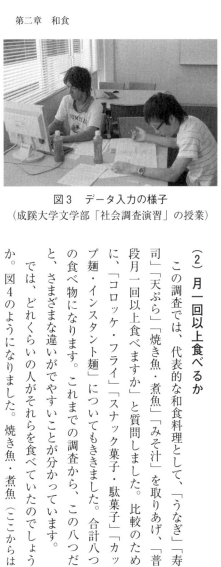

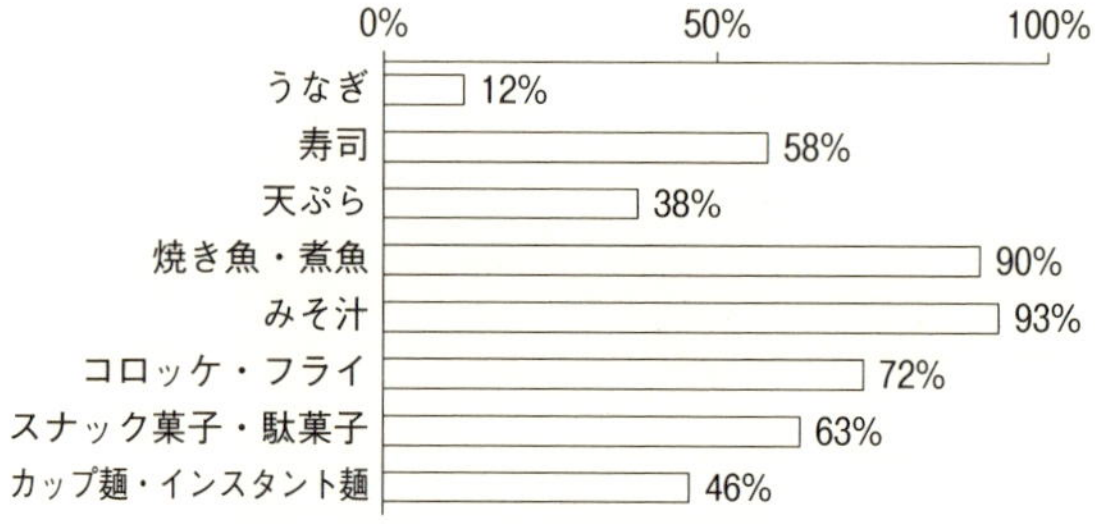

図４　月１回以上食べる人の割合

「焼き魚」と省略します）とみそ汁は、九割以上の人が月一回は食べていることがわかります。次に多いのが、コロッケ・フライ（ここから「コロッケ」）、スナック菓子・駄菓子（ここから「スナック菓子」）、寿司で、六〜七割でした。カップ麺・インスタント麺（ここから「カップ麺」）、天ぷらは半分以下で四割前後、うなぎはもっとも少なく一割くらいでした。

(3) どう食事を評価しているのか

また、人びとが食事をどのように評価し順序づけしているかを調べるために、この八つについて、次のような質問をしました。五段階で回答します。ただし、「焼き魚・煮魚」のかわりに「焼き魚」、「コロッケ・フライ」は「コロッケ」、「スナック菓子・駄菓子」は「ポテトチップ」、「カップ麺・インスタント麺」は「カップ麺」としました。

（質問文）ここにいろいろな食べ物、飲み物が書いてあります。世間では一般に、これらを「格が高い」とか「低い」とか言うことがありますが、いま仮にこれらを分けるとしたら、

あなたはどのように分類しますか

（選択肢）5格が高い　4やや格が高い　3ふつう　2やや格が低い　1格が低い

ちょっと不思議な質問に感じるかもしれませんね。これは社会学で職業や文化活動への評価を調べる方法を、食べ物むけにアレンジしたものです。職業への評価では、代表的な五六の仕事について質問し、もっとも高いと一〇〇点、やや高い七五点、ふつう五〇点、やや低い二五点、もっとも低い〇点として、回答者の平均値をもとめます。それがその職業の「職業威信スコア」となります。たとえば、最高は医師九〇点、つづいて大会社の社長八七点、もっとも低いのは炭鉱夫三七点でした（詳しくは都築一治編、一九九八、『職業評価の構造と職業威信スコア』一九九五年ＳＳＭ調査シリーズ5）。

文化活動への評価では、代表的な一二のものについて同じように計算します。その結果、高いものからボランティアなどの社会的活動六八点、歌舞伎や能や文楽六六点、クラシック音楽の音楽会・コンサート六五点、美術展や博物館六四点、短歌や俳句を作る六二点、華道・茶道・書道六一点、小説や歴史の本を読む五六点、ゴルフ・スキー・テニス五二点、手作りでパンや菓子を作る五一点、カラオケ四〇点、スポーツ新聞や女性週刊誌を読む三九点、パチンコ二八点でした（詳しくは片岡栄美、二〇〇〇、「文化的寛容性と象徴的境界：現代の文化資本と階層再生産」今田高俊編『社会階層のポストモダン』東京大学出版会）。

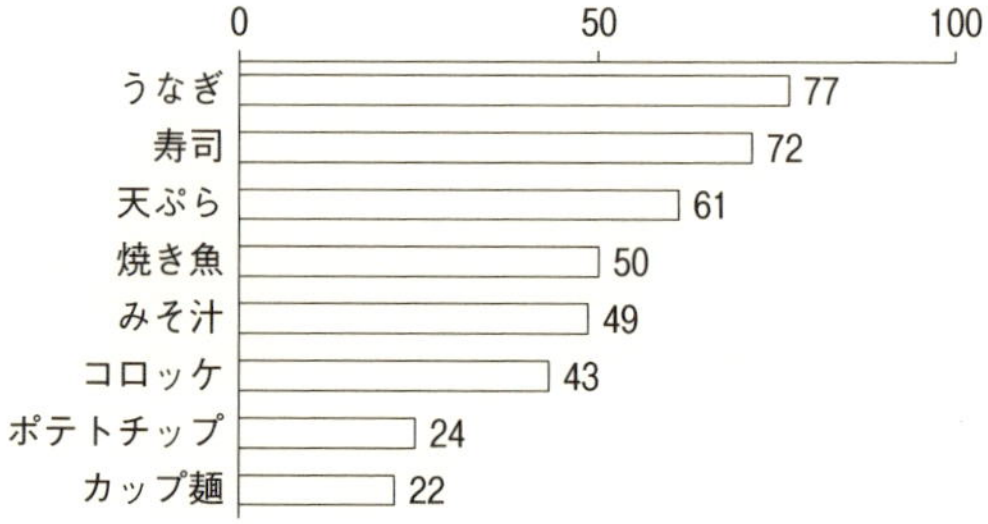

図5　食料威信スコア（単位は点）

食べ物については、「格が高い」を一〇〇点、「やや格が高い」七五点、「ふつう」五〇点、「やや格が低い」二五点、「格が低い」〇点として、平均点を求めてみましょう。こうした食べ物への評価を、職業威信スコアや文化威信スコアにならって、「食料威信スコア」とよぶことにします。

3　分析結果

(1) 食料威信スコア

データを分析した結果、食料威信スコアは図5のようになりました（詳しくは小林盾、二〇一二、「食べ物に貴賤はあるか：社会規範と社会調査」米村千代・数土直紀編『社会学を問う：規範・理論・実証の緊張関係』勁草書房）。

もっとも格が高いと評価されたのはうなぎで、七七点でした。これに寿司七二点、天ぷら六一点が続きます。少し離れて焼き魚が五〇点でちょうど一〇〇点満点の中間、みそ汁が四九点でした。和食以外のコロッケ、ポテトチップ、カップ麺は四三点、二四点、二二点と全体に格が低いと見なされているようです。

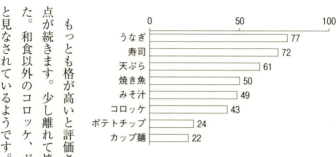

なお、この調査では八つの飲み物について「飲料威信スコア」を調べました。その結果、高いものからシャンパン・ワイン七二点、紅茶五三点、野菜ジュース五三点、コーヒー五二点、緑茶五一点、梅酒五一点、牛乳四九点、コーラ三五点でした（飲料威信スコアの詳細は小林盾、二〇一一、「食生活の評価の構造：食料威信スコアと飲料威信スコアの測定をとおして」『成蹊大学文学部紀要』）。食べ物より散らばりが少ないことがわかります。

表１　食料威信スコアにもとづく食べ物分類

分類	要素
高級和食	うなぎ、寿司、天ぷら
中間和食	焼き魚、みそ汁
大 衆 食	コロッケ、スナック菓子、カップ麺

(2) 高級和食、中間和食、大衆食という三つの引き出し

それでは、人びとはこの八つの食べ物を、頭の中でどのように分類しているのでしょうか。ここで、因子分析という統計手法を使って分析してみましょう。「人びとが、なにとなにを同じようなパターンでとらえているのか」がわかります。分析の結果、表1のように三つのまとまりに分類されました（詳しくは小林盾「食べ物に貴賎はあるか：社会規範と社会調査」）。

「うなぎ、寿司、天ぷら」は高級食、「焼き魚、みそ汁」は中間食、「コロッケ、スナック菓子、カップ麺」は大衆食とよべそうです。ここで、高級食と中間食が和食で、大衆食は和食以外であることに気づくでしょう。

このように、食料威信スコアを調べることで、人びとが心の中で「高級和食」と「中間和食」、そして「和食以外の大衆食」へと分類していること

がはっきりしました。つまり、人びとは食べ物について大きな三つの引き出しをもっていて、このパターンは多くの人に共有されていました.

(3) グループ別の比較

では、人びとは(男女、年齢など)どのグループでも同じように和食を食べているのでしょうか。それとも、所属グループによって違いがあるのでしょうか。月一回以上の摂取割合を、グループ別に比較してみましょう。なお、焼き魚とみそ汁の中間食は、もともと九割以上の人が食べていて差がわかりにくいため、分析から外しました。

ここでは、グループとして男女、一〇歳ごとの年齢(二〇代~六〇代)、結婚(現在結婚しているかどうか)、教育(中高卒か短大・四大・大学院卒か)、働き方(正社員・公務員・自営業か非正規雇用労働者か無職か)、世帯収入(〇~三九九万円か四〇〇~七九九万円か八〇〇万円以上)を用いましょう。

結果は図6となりました(詳しい結果は表2)。角張った横長のカッコは、カイ二乗検定という方法で調べたら、グループの間に統計的に有意な差があったことをしめしています。たとえば、男女で天ぷらに差があるので、「この標本では男性ほど天ぷらをよく食べ、しかもこの差が十分に大きいため、社会全体でもそういえる」ことをあらわしています。一方、カッコがないと、「この標本ではグループ間に違いがあるようにみえるが、差が小さいため、社会全体では違いがあるとはいえない」と判断することになります。

（4）うなぎ、寿司、天ぷらのグループ別パターン

このグラフから、なにがいえるでしょうか。まず、上のグラフで寿司、天ぷら、うなぎの高級和食について考えてみましょう。性別では、男性ほど天ぷらを一〇%ほど多くの人が食べます。

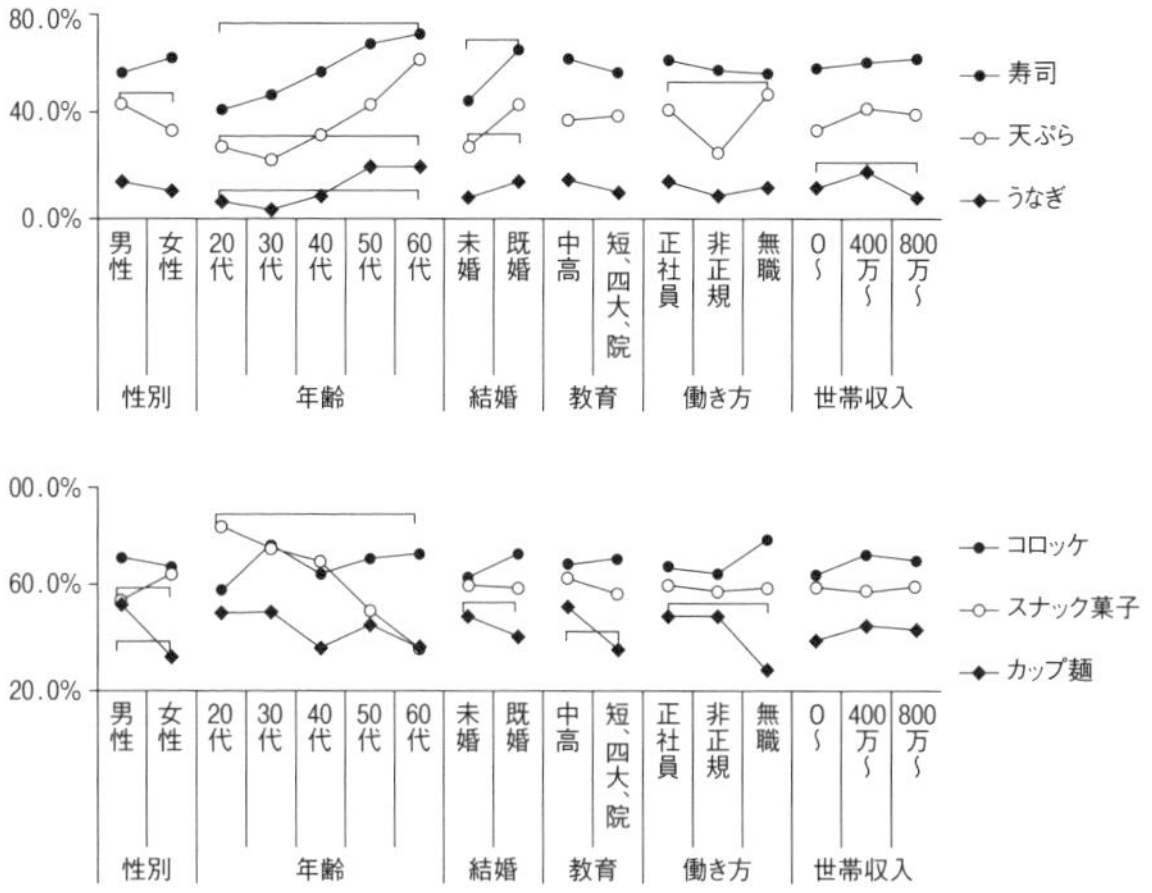

図6　グループ別の食べ物摂取割合（月１回以上）
（角張った横長カッコはカイ二乗検定で統計的に有意な差があることをしめします）

年齢別では、年配の人ほど高級和食のどれでも食べる人がふえていきます。天ぷらでは、若い人と年配の人で最大三八%の違いがありました。婚姻状態別では、結婚していると、高級和食を食べる機会がふえ、とくに寿司で二〇%アップと顕著です。

教育による違いは、あまりありませんでした。働き方別では、正社員など正規雇用と無職（ほとんどは主婦）ほど、よく食べていました。とくに天ぷらで最大二六%差がありました。世帯収入別では、おおむね収入が多いほど、高級和食をよく食べるようです

表2　グループ別の食べ物摂取割合（月1回以上）

			高級和食			中間和食		大衆食		
		人数	うなぎ	寿司	天ぷら	焼き魚	みそ汁	コロッケ、フライ	スナック菓子、駄菓子	カップ麺、インスタント麺
全体		283	12	58	38	90	93	72	63	46
性別	男性	139	14	55	43†	88	93	74	58†	56***
	女性	144	10	60	33	92	92	70	67	36
年齢	20代	34	6*	41*	26***	82	88	62	85***	53
	30代	60	3	47	22	85	98	78	77	53
	40代	61	8	56	31	92	93	67	72	39
	50代	56	20	66	43	95	89	73	54	48
	60代	72	19	69	60	92	92	75	39	40
結婚	既婚	195	14	64**	43*	94***	93	75	62	44**
	未婚・離死別	88	8	44	27	80	91	66	64	51
教育	中学・高校卒	129	15	60	37	88	95	71	66	55**
	短大・四大・大学院卒	152	10	55	39	91	91	73	59	39
働き方	正社員・公務員・自営業	128	14	59	41*	89	95	70	63	52**
	非正規雇用	74	8	55	24	85	93	68	61	51
	無職	77	12	55	47	95	90	81	62	31
世帯収入	0〜	64	11†	56	33	83	89	67	63	42
	400万〜	113	18	58	42	92	93	74	61	48
	800万〜	95	7	60	39	92	94	73	63	46

単位はパーセント。*** はカイ二乗検定で0.1パーセント有意、** 1パーセント、* 5パーセント、†10パーセント（以上の統計的に有意な差があったものを灰色で表示）。

が、うなぎではもっとも高収入グループでかえって減少しています。

(5) コロッケ、スナック菓子、カップ麺のグループ別パターン

つぎに、大衆食はどうでしょうか。性別では、女性ほどスナック菓子を九%、男性ほどカップ麺で二〇%多くの人が食べます。それぞれ間食に利用されているのかもしれませんね。年齢別だと、若い人ほどスナック菓子をよく食べ、最大で四六%違いました。コロッケとカップ麺は、年齢と無関係のようです。婚姻状態別では、結婚していないとカップ麺をよく食べました。

教育別だと、中学高校卒のほうがカップ麺の頻度が一六%ほど高まります。働き方別では、無職ほどカップ麺が二〇%減りました。世帯収入別では、大きな違いはありませんでした。

4 まとめ

この章では、人びとが和食をどのように評価し、どれくらい食べているのかを、カップ麺など和食以外と比較しながら検討しました。二八三人へのアンケート調査データを分析した結果、つぎのことが明らかになりました。

① 食料威信スコアから、人びとは「うなぎ、寿司、天ぷら」を高級食、「焼き魚、みそ汁」を

中間食、「コロッケ、スナック菓子、カップ麺」を大衆食として認識していました。したがって、和食とそれ以外を心の中で区別し、さらに和食を高級和食と中間和食へとわけています。食べ物については、心の中に引き出しが三つあるのです。

② 月一回以上食べる人の割合から、おおむね年配の人ほど、結婚している人ほど、正社員や無職の人（とくに主婦）ほど、世帯収入が多い人ほど、高級和食を食べるというパターンがありました。大衆食は、おおむね逆のパターンです。

以上から、私たちは和食について比較的明確なイメージをもっていて、自分が所属するグループによってなにを食べなにを食べないかがパターン化されていることがわかりました。たとえば、典型的には六〇代既婚男性で正社員の人は、そうでない人たちより寿司や天ぷらを食べる機会がたくさんあります。カップ麺は、二〇代未婚で中学高校卒の働いている男性に、とくによく好まれているようでした。

「なにかを食べる」ということは、「他のものを食べない」という選択を同時にすることになります。よほどの大食漢でないかぎり、寿司とカップ麺を同時に平らげることは難しいでしょう。ですので、読者の皆さんも、これからなにかを食べるとき、「自分はこれをどのようにイメージしていたのかな」「なんでこれを食べようと思ったのかな」と振りかえってみてはどうでしょう。もしかしたらその背後には、食料威信スコアやグループ別パターンといった、大きな社会構造が潜んでいるのかもしれません。

読書案内

和食の歴史については、熊倉功夫『日本料理の歴史』（二〇〇七、吉川弘文館）が詳しく解説しています。

食事をはじめ、さまざまな文化活動が社会構造にどう影響されているかは、ピエール・ブルデュー『ディスタンクシオン：社会的判断力批判』（一九七九、翻訳一九九〇、藤原書店）がフランスを事例に分析しています。日本社会については、ＮＨＫ放送文化研究所世論調査部編『日本人の好きなもの：データで読む嗜好と価値観』（二〇〇八、日本放送出版協会）が調査データを紹介しています。

第三章　おみくじ
——なぜ和歌が書かれているのか　文学アプローチ——

平野多恵

1　イントロダクション

みなさんは神社やお寺にお参りしておみくじを引いたとき、まずどこを見るでしょうか。吉や凶などの結果と、「学問」や「健康」などの項目のところを確認する人が多いかもしれません。しかし、おみくじで最も大切なのは、実はそれ以外のところにあります。

おみくじに和歌や漢詩が書かれているのを見たことがあるでしょうか。おみくじは、本来、神仏の〈お告げ〉でした。おみくじの中の和歌や漢詩こそが、それにあたります。つまり、おみくじを引いても和歌や漢詩を読まなければ、神仏のメッセージを受け取ったとはいえないということです。

現在、日本で用いられているおみくじは、神仏のお告げがどのような形式で書かれているかで三分類できます。一つめは五文字四行からなる五言絶句の漢詩によるもの、二つめは五七五七七の三十一文字からなる和歌によるもの、三つめは漢詩や和歌が書かれないそれ以外のものです。

漢詩のおみくじ（図1）は寺院を中心に多く用いられています。第一番の大吉から第一百番の凶まで、観音菩薩のお告げである百種類の漢詩によるおみくじです。そのルーツは中国の『天竺霊籤』で、室町時代には日本へもたらされました（酒井忠夫、一九九三、「中国・日本の籤—特に叡山の元三大師百籤について—」『中国学研究　第一二号』）。この『天竺霊籤』は、日本では「元三大師御籤」と呼ばれて江戸時代に流行し、現在でも使われています。

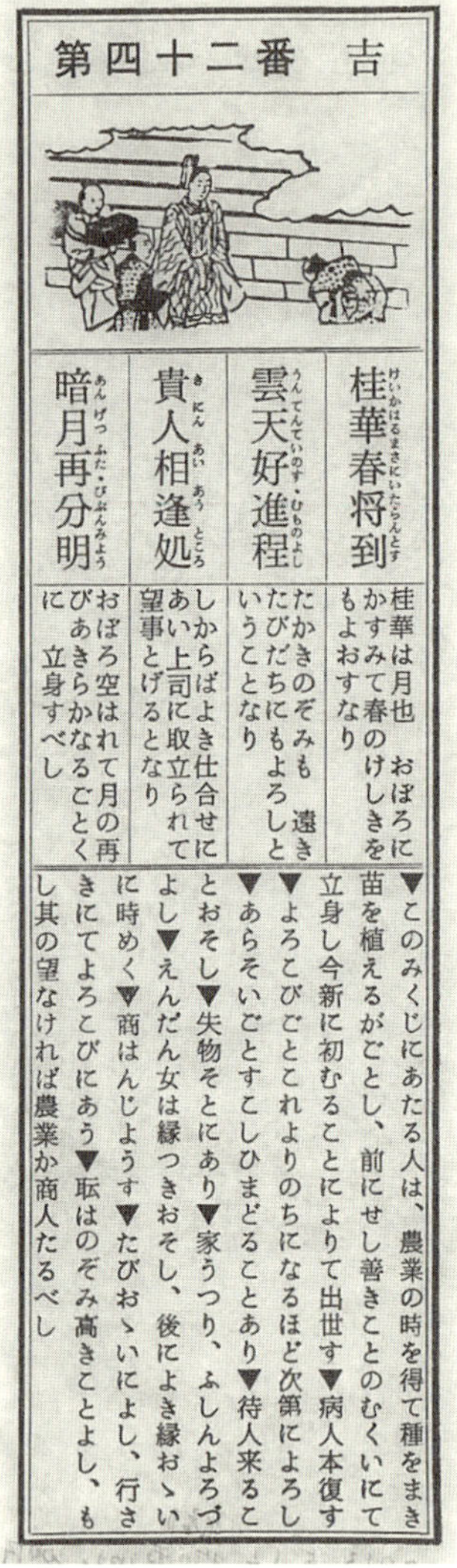
第四十二番　吉

桂華春将到《けいかはるまさにいたらんとす》
雲天好進程《うんてんいのす・ひものよし》
貴人相逢処《きにんあいあうところ》
暗月再分明《あんげつふた・びぶんみよう》

桂華は月也　おぼろにかすみて春のけしきをもよおすなり
遠きたかきのぞみもたびだちにもよろしということなり
しからばよき仕合せにあい上司に取立られて望事とげるとなり
おぼろ空はれて月の再びあきらかなるごとくに立身すべし

▼このみくじにあたる人は、農業の時を得て種をまき苗を植えるがごとし、前にせし善きことのむくいにて立身し今新に初むることによりて出世す▼病人本復す▼よろこびごとこれよりのちになるほど次第によろし▼あらそいごとすこしひまどることあり▼待人来ることおそし▼失物そとにあり▼家うつり、ふしんよろづよし▼えんだん女は縁つきおそし、後によき縁おゝいに時めく▼商はんじようす▼たびおゝいによし、行さきにてよろこびにあう▼聀はのぞみ高きことよし、もし其の望なければ農業か商人たるべし

図1　漢詩のおみくじ（元三大師御籤）

「元三大師御籤」の「元三大師」は、平安時代に天台座主として比叡山を中興した良源のことをいいます。良源は観音菩薩の化身として信仰されていました。『天竺霊籤』は観音菩薩の託宣とされていたため、日本においては、観音菩薩の化身と信じられていた元三大師良源のおみくじとして広まりました。中国の『天竺霊籤』が日本の元三大師に結びつけられたのは、江戸時代初期に徳川家康・秀忠・家光に仕えた天台宗の高僧天海が元三大師信仰を宣揚したことに関わると考えられています（宇津純、一九九二、「元三大師とおみくじ」『仏教民俗学大系八 俗信と仏教』名著出版）。その他の漢詩のおみくじとして、江戸時代末期から明治時代にかけては法華経に基づくものや黄檗宗の隠元が作ったとされるものも存在しましたが、現在は、ほとんど行われていません。

漢詩のおみくじが寺院に多いのに対して、和歌のおみくじは主に神社で用いられています。おみくじに使われているのは、その神社に関連のある和歌や勅撰和歌集などに載る有名な古歌、あるいはおみくじ専用に作られた和歌です。たとえば、天神様、つまり菅原道真をおまつりする天満宮では、菅原道真の和歌がおみくじに用いられています（図2）。太宰府天満宮、北野天満宮、湯島天満宮などのおみくじがそうです。そのほか、熊野の那智大社のおみくじは西行や後鳥羽院など熊野に参詣した人の歌を、上賀茂神社では賀茂に関わる人の歌を載せています。

専用の和歌を載せるおみくじでよく知られているのは、山口県の女子道社で作られているものです（図3）。日本における女子道社のおみくじのシェアは六割とも七割とも言われ、全国の神

図2　湯島天満宮おみくじ

吉運のおみくじは粗末にならないようお財布や定期入れ等に入れてお持ち下さい

湯島天満宮

おみくじ

秋風《あきかぜ》の吹上《ふきあげ》に立《た》てる白菊《しらぎく》は

花《はな》かあらぬか浪《なみ》の寄《よ》するか

菅原道真公御歌

第二十三番

小吉

○願望《がんぼう》　思《おも》うまゝなり

○待人《まちびと》　必《かなら》ず来《き》たる

○失物《うしないもの》　出《で》がたし

○旅行《たびだち》　近《ちか》き所《ところ》ならば吉《よし》

○商売《しょうばい》　損《そん》はなかるべしあせるな

○方角《ほうがく》　東南《とうなん》の間《はざま》よろし

○学業《がくぎょう》　努力第一《どりょくだいいち》

○争事《あらそいごと》　言《い》わぬがよし

○転居《てんきょ》　落着《おちつ》いてなせ

○出産《しゅっさん》　軽《かる》し男児《だんじ》

○病気《びょうき》　信心《まごころ》し養生《ようじょう》をなせ

○縁談《えんだん》　話《はなし》多《おお》し迷《まよ》わず考《かんが》えよ良縁《りょうえん》まとまる

図3　女子道社製おみくじ

第五十番

御神籤

苔《こけ》むせる

山の岩《いわ》が根《ね》

千代へても

動《うご》かぬ

ほどの

心なら

まし

心を決めて　いろ〳〵とさわがず　迷わず　今までの事をつとめればよし　何事にも手を出してはいけません　つねにひかえ目にして事をなさい吉

運勢　中吉

願望《ねがいごと》　と、のう　物に迷うてはいけません

待人《まちびと》　来ず　音信《おとずれ》あり

失物《うせもの》　物にかくれて出ず

旅行《たびだち》　よろし

商売《あきない》　損もなし　利少し

学問《がくもん》　怠心を直し目標を早目にさだめよ

相場《そうば》　思い切れ　大利あり

争事《あらそい》　控《ひか》えたるがよし

恋愛《れんあい》　良い　父母に告げよ

転居《やうつり》　利益なし

出産《おさん》　安心せよ　難なし

病気《やまい》　気遣《きづか》いしすぎるな

縁談《えんだん》　他人《ひと》の言葉《ことば》を信ぜず自分で考えよ

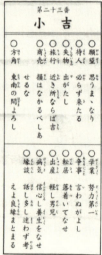

社で使われていますから、目にしたことのある人も多いでしょう。この女子道社の母体は二所山田神社にあります。明治三九年（一九〇六）に、二所山田神社の宮司・宮本重胤氏が女性の自立を促す教化活動の一環として機関誌『女子道』を創刊し、その資金源としておみくじを考案したことがはじまりでした。現在は一八種類ものおみくじが作られており、黒字だけのシンプルなおみくじ、赤や金で表書きされた「金みくじ」「赤みくじ」の他、「開運みくじ」「英和文みくじ」「万葉みくじ」「こどもみくじ」「恋みくじ」などがあります。そして、宮本重胤氏とその跡を継いだ宮司がどちらも歌人であったため、女子道社のおみくじの多くに二人のつくった和歌が用いられています。

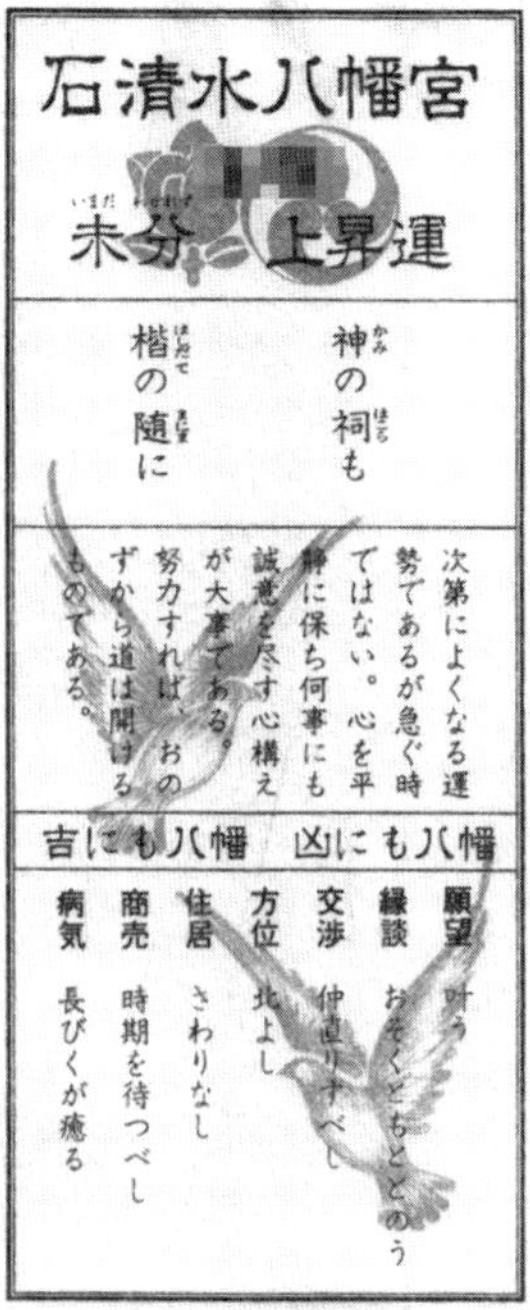

図4　石清水八幡宮おみくじ

三つめのその他には、さまざまな形式のものがあります。たとえば、石清水八幡宮のおみくじには「神の祠《ほこら》も楷《はしだて》の随《まにま》に」「清《きよ》く　明《あか》く　直《なお》く　正《ただ》しく」のようにお告げが短く書かれ（図4）、靖国神社のおみくじには百字程度の文章でお告げが書かれてい

図5　水占おみくじ・貴船神社

ます。そのほか、古典の名言等を「言」として示したおみくじ（大國魂神社ほか、関東の神社に多い）や水に浮かべると運勢を書いた文が浮かび上がる水占（京都・貴船神社、図5）など、いろいろなおみくじがありますが、その多くは現代になって新たに作られたものです。

このように多種多様なおみくじの中で、日本古来の和歌を用いたおみくじは、もっとも日本的な存在といってよいでしょう。しかしながら、なぜおみくじに和歌が書かれなければいけなかったのでしょうか。それを考えるために、日本の神と和歌とのかかわりを見ていきましょう。

2　日本の神と和歌

(1) 和歌による神のお告げ——歌占《うたうら》

和歌は五七五七七の三十一文字からなる日本の伝統的な短詩形文学です。日本最古の勅撰和歌集『古今和歌集』の序文には「すさのをの命《みこと》よりぞ、三十文字あまり一文字はよみける」とあって、日本の神である素戔嗚尊《すさのおのみこと》が三十一文字の和歌をはじめて詠んだと書かれています。それ以来、日本において神は和歌を詠むものと考えられました。平安時代後期に成立した歌学書『俊頼髄脳』には、『古今集』があげる素戔嗚尊の歌の他、住吉明神、三輪明神、伊勢御神、貴船明神などのお告げの歌（「託宣歌」といいます）が載っています。このような神の託宣歌は、勅撰集では「神祇《じんぎ》」の部に収められました。

勅撰集で初めて「神祇」の分類を設けたのは第四勅撰集『後拾遺和歌集』ですが、「神祇」の歌は雑の歌を集めた巻のごく一部にすぎませんでした。第七勅撰集『千載和歌集』になると巻二十全体が「神祇歌」に割りあてられ、以来、勅撰集では「神祇部」が一つの巻として独立するようになりました。勅撰集で神祇部が独立し、『俊頼髄脳』のような歌学書で神の託宣歌が取り上げられたのは、いずれも天皇を退位した院が天皇にかわって実質的な政治を行う院政期のことでした。

ちょうどこの時期、巫女が神のお告げを和歌で伝える〈歌占〉がしばしば行われました。院政期を代表する白河院・鳥羽院・後白河院には、歌占にまつわる伝承がそれぞれ残っています。歌占における和歌は、その場かぎりの独自歌の場合もあれば、古歌に基づく場合もありました。独自歌による歌占の逸話は、八幡神にまつわる霊験を説いた『八幡愚童訓《はちまんぐどうきん》』（鎌倉末期成立）に載っています。後白河院が石清水の巫女の託宣が真実か否かを試そうとして、銀製の壺を手に握りしめて中身を当てるように指示したところ、巫女は次の歌占を出しました。

銀《しろがね》の壺を並べて水を汲めば水は汲まれで富みぞ汲まるる

（銀の壺を並べて水を汲むと、水は汲み出されず、富が汲み出された）

後白河院は、自分の手の中にある銀の壺が巫女の歌に詠み込まれていたことで、この歌占が真実だと感嘆して信仰を深めたといいます。

保元の乱を描いた『保元物語』上（半井本）には、熊野の巫女の歌占伝承が載っています。熊野の神が依り憑いた巫女が、鳥羽院の崩御を予言する次のような歌をよみました。

手に結ぶ水に宿れる月影はあるやなきかの世にはありける

（手ですくった水に映る月の光があるかないかわからないように、はかない世の中であったのだなあ）

これは『拾遺和歌集』哀傷部に収められている紀貫之の歌に基づくもので、これによって、鳥羽院の崩御後に世の中が掌を返すように変化するという託宣が示されました。さらに巫女は「夏果つる扇と秋の白露といづれか先に置きまさるべき」という歌を詠み、「夏の終わり、秋の初め」

という院の崩御の時期も予言したのです。この歌は「夏が終わり、夏に使った扇を捨ててしまうのと、秋の白露が草葉に置くのと、どちらが先になることだろう」という意味で、『新古今和歌集』夏部に載る壬生忠岑の歌に基づいています。このように、歌占で用いられる古歌は、勅撰集に収められるような広く知られた歌でした。

鎌倉時代につくられた第八勅撰集『新古今集』の神祇部には、冒頭の十三首に神の託宣歌が集中して収められています。これほど多くの託宣歌がまとまって載せられるのは、これまでの勅撰集に前例のないことでした。これはおそらく、この時期に神の託宣歌が重視されたことを示しているのでしょう。こうしたことから、神の託宣としての〈歌占〉は平安時代後期以後に広く行われていたと考えられます。

(2) くじ形式の歌占——謡曲「歌占」

前節で述べたように、歌占本来の形は、巫者が求めに応じて神がかりしては託宣歌を詠み出すものでした。しかし、時代が下るにつれて、歌占に用いられる歌が固定化し、あらかじめ決まった複数の歌から任意の一首を選んで占う形式の歌占が行われるようになりました。

能楽を大成した世阿弥の長男・観世元雅が作った謡曲「歌占」には、そうした巫者の歌占の様子が具体的に描かれています（図6）。その内容は以下のようなものでした。伊勢国二見浦の神職度会何某《わたらいなにがし》は男巫《おとこみこ》として諸国を流浪しつつ歌占を行っていました。男の持つ小弓の弦には和歌を

図６　『伊勢参宮名所図会巻五』
（『伊勢参宮名所図会』国書刊行会、1988年より転載）

記した短冊が何枚か結びつけられていて、占いたい人が一番はじめに触れた短冊の和歌によって結果を占うものでした。男巫が加賀の白山の麓で歌占をしているとき、父の安否を占う少年幸菊丸がこの歌占を引くと「鶯の卵《かひご》の中のほととぎす　しゃが父に似て　しゃが父に似ず（鶯の巣の中にいるホトトギスは、おまえの父に似ているが、おまえの父に似ていない）」という歌があらわれました。男巫は、これは父親のことを占ったもので、もうすでに探している父に逢っているはずだと告げました。この結果を不思議に思った男巫が少年の素性を尋ねると、この少年こそ、まさしく生き別れた我が子であったという話です。

「歌占」のなかで少年の引いた歌「鶯の卵の中の…」は、『万葉集』巻九所収の長歌「うぐひすの　卵《かひご》のなかに　ほととぎす　ひ

とり生れて　汝《な》が父に　似ては鳴かず…」をふまえています。伊勢国二見郡三津村の北村家は、謡曲「歌占」に登場する男巫の子孫と称し、江戸時代まで歌占に携わっていました。『伊勢参宮名所図会巻五』には、この北村家に伝来する「歌占の弓」の実態が伝えられています。歌占用の木弓は長さ三尺（約九〇cm）ほど、その弦には八枚の短冊が結びつけられ、さきほどの『万葉集』所収の歌のほか、『古今集』や『拾遺集』『新古今集』などに収められた古歌が、八枚の短冊のうち六枚に記されていました。このように、巫者による歌占で用いられるのは、よく知られた古歌が多かったのです。

しかし、短冊八枚のうち、残りの二枚に書かれた和歌は歌占用に作られたものらしく、古歌に例が見出せません。こうした独自歌を含む歌占は、室町時代末期以降に書物としてまとめられ、江戸時代には版本として刊行されました。

（3）書物になった歌占

室町時代に登場した籤形式の歌占は、その後、独自歌を多く加えて書物としてまとめられ、江戸時代に入ると出版文化の隆盛に伴い、書物の形で出版されました。江戸時代以前の歌占本で現在確認できる主なものを次に列挙します。

①『歌占』室町末期頃写、阪本龍門文庫蔵。
②『歌占集』明和六年（一七六九）写、高知県立図書館山内文庫蔵。

③『易術和歌占』天明四年（一七八四）序、天明六年（一七八六）刊、十文字学園女子大学図書館蔵。
④『天満宮六十四首歌占御鬮抄』寛政一一年（一七九九）刊、架蔵。
⑤『百人一首倭歌占』天保一四年（一八四三）刊。
⑥『百人一首歌占鈔』花淵松濤著、嘉永元年（一八四八）刊。
⑦『神代正語籤　全』安政六年（一八五九）序、刊本、架蔵。
⑧『哥占』幕末頃の写か、簗瀬家蔵。
⑨『清明歌占』書写年次不明、長崎県立長崎図書館蔵。
⑩『宇陀有楽』書写年次不明、徳江元正氏蔵。
⑪『せいめい　うた占』刊年不明、成蹊大学情報図書館蔵。
⑫『弘法大師以呂波占』刊年不明、東京都立中央図書館加賀文庫蔵。
⑬『弘法大師いろは歌占　全』刊年不明、早稲田大学図書館蔵。
⑭『歌占図絵』刊年不明、早稲田大学図書館蔵。

右の歌占本における占いの方法は、主に次のA・Bに二分類できます。Aは①②④⑧⑨⑪⑭の七点で、三つの数字の組み合わせによって六十四首から一首を選び出す方法を採用しています。三つの数字の組み合わせは、④『天満宮六十四首歌占御鬮抄』（図7、以下『天満宮歌占』と略称）では、くじを三度ふって出た数で決まります。Bは③⑤⑥⑫⑬の五点で、易の八卦や六十四卦に基づくもので各卦に応じた和歌が添えられています。

A方式の歌占本で最も流布したのは菅原道真を歌占の神とする④『天満宮歌占』で、道真をご祭神とする「天満宮」で行われていたもののようです。現在もこのおみくじを用いている神社は稀ですが、貞昌院（神奈川県横浜市）ホームページ上では、隣接する永谷天満宮にゆかりの「天神おみくじ」（http://www.teishoin.net/omikuji/omikuji.html）として、『天満宮歌占』に相当するおみくじを引くことができます。貞昌院は寺院ですが、江戸時代までは代々の住職が永谷天満宮の別当を兼ねていました。神と仏は本来的に同一であると考える神仏習合思想の影響から、寺院と神社は関わりが深く、神社に付属して建てられた寺院は神宮寺と言われていました。このような神宮寺は、明治時代のはじめに神仏分離令が出される以前は日本に多く存在しました。

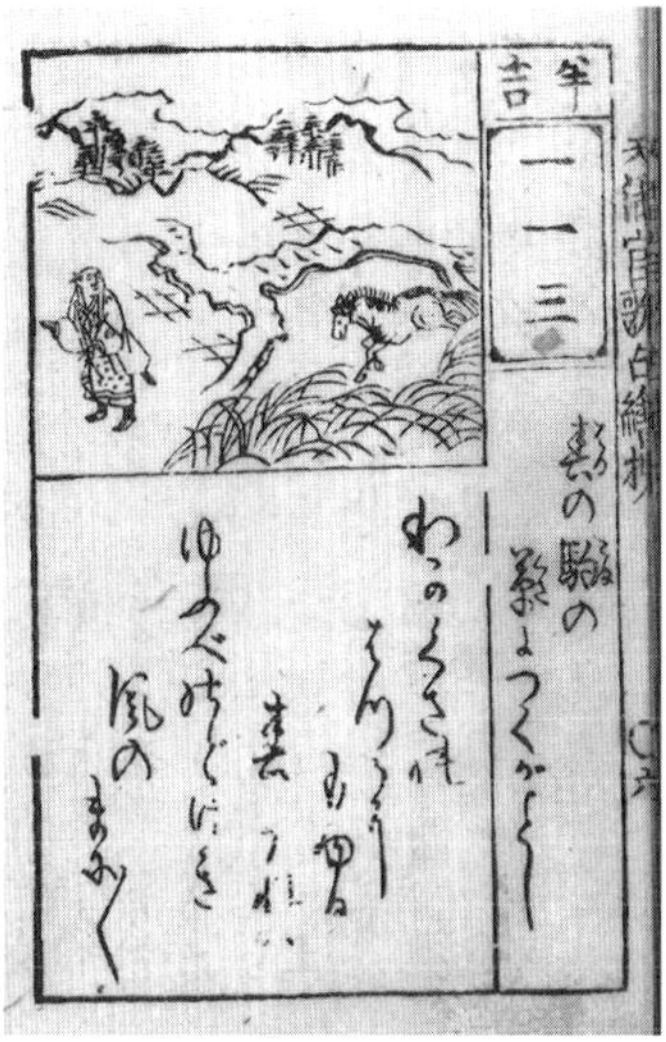

図7　『天満宮六十四首歌占御鬮抄』

この『天満宮歌占』は、以下のような作法で行います。

1　春は東、夏は南、秋は西、冬は北の方角を向いて目を閉じる。

2　心のなかで天神経を三度読誦する。

3　「大慈大悲観世音菩薩」と三十三回唱える。
4　「ちはやぶる神の子どもの集まりて作りし占《うら》はまさしかりけり」という歌を三回唱える。
5　くじを三度振って出た数の組み合わせによって吉凶を占う。

このうち、1と4は歌占に特徴的な作法です。2・3は「元三大師御籤」の作法に共通し、5で六十四首の中から一首を選ぶというのは易占の方式です。このように『天満宮歌占』は、それまでのおみくじや占いの作法を少しずつ折衷して成り立っています。

B方式は易占に和歌を取り入れたものです。このうち嘉永元年（一八四八）に出版された⑥『百人一首歌占鈔』は、謡曲「歌占」に着想を得て小倉百人一首の歌を用いて占いとしたもので、各歌の意味に易の六十四卦を対応させて縁談・病・方角など占います。江戸時代に流行した百人一首と易占とが結びついてできたものでしょう。この本は現代でも野中春水校注『百人一首歌占鈔』（一九九七、和泉書院）で読むことができます。以上の歌占本について詳しく知りたい方は、拙稿（平野多恵、二〇一二、「〈予言文学〉としてのおみくじ」『予言文学の世界』勉誠出版）をご覧ください。

このように、歌占は元三大師御籤や易占の影響を受けながら発展しました。しかしながら、江戸時代に流布した歌占系の和歌みくじは、現在ほとんど用いられていません。現在おこなわれている和歌みくじは、ほとんどが明治以降に作られたものです。

いったい、おみくじの世界に何が起こったのでしょうか。その大きな原因は明治維新にありました。続いて、幕末から明治にかけて和歌みくじに起こった変化を見ていきましょう。

3　和歌みくじの近代

(1) 明治維新の影響

江戸時代の幕藩体制が崩壊して明治時代に入ると、明治新政府は近代天皇制に基づく中央集権的な国家をつくるため、さまざまな改革を断行しました。この一連の改革が明治維新です。明治元年（一八六八）、明治政府は神仏分離令を発布しました。江戸幕府による寺院の檀家制度にもとづく仏教支配体制を否定し、神道を国教とする政策をすすめようとしたのです。それまでは神社と寺院は今のような区別がなく、先に触れた貞昌院と永谷天満宮のように、寺院の住職が神社の別当を兼ねることが広く行われていました。このように仏教と深く関わる神社から仏教的色彩を排除しようとしたのが、神仏分離政策でした。

明治三年（一八七〇）に官許を得て出版された白幡義篤『神籤五十占』の序文には、明治維新以前は神社でも元三大師御籤を使っていたが、明治維新にともなって神仏分離令が発せられたため、神社は神社にふさわしい神歌による占法を用いるべきだと書かれています（「元三大師とおみくじ」）。神仏分離令の影響で、それまで元三大師御籤を用いていた神社が仏教色のない神籤を必要とするようになったわけです。それ以降、神社はそれまで使っていた元三大師御籤をやめて、

図8　『神代正語籤　全』第一番

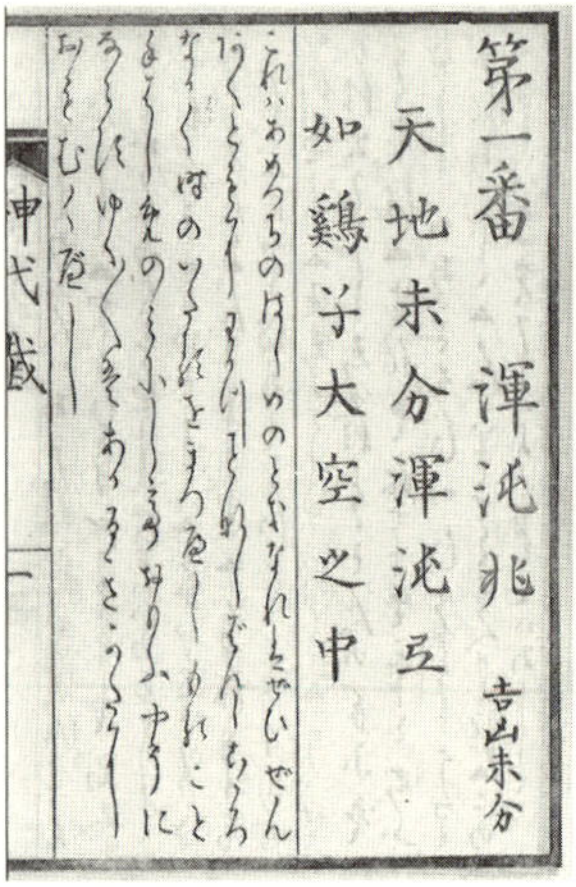

神社独自の和歌みくじを用いるようになり、和歌のおみくじが増加していきました。

しかし、実はそれ以前から和歌のおみくじを求める機運がありました。幕末には仏教や易占の影響を排除した神道独自の和歌みくじが意識的に作られています。先に挙げた歌占本一覧の⑦『神代正語籤　全』がそれにあたります。この和歌みくじは、宣《せん》命書《みょうがき》の表記で日本の神々の神話に基づく和歌を記しています。宣命書とは、神への祈りのことばである祝詞《のりと》などに使われるもので、日本語をすべて漢字であらわす表記法です。『神代正語籤　全』第一番（図8）の例をあげましょう。

第一番　渾沌兆　　吉凶未分

天地未分渾沌弖（あめつちのいまだわかれずまろがれて）

如鶏子大空之中（とりのこなせるおほぞらのなか）

右の（　）内の仮名は上の歌の読みを示しています。天地がまだわかれることなく渾沌として卵のようであったという天地開闢神話にもとづく歌です。

上野国高崎の熊野神社に仕える神職・高井心足による安政六年（一八五九）の序文は、この神代籤が日本書紀と古事記の神代巻から言い伝えてきた神のことばを八十ばかり選んだものであり、熊野神社に秘蔵される太占《ふとまに》と同じく、この籤を引くと決してはずれることはないと強調しています。ここで語られる「太占」は、鹿などの肩甲骨を焼き、そのひび割れで吉凶を占う古代の占法です。古事記や日本書紀において神々が行った聖なる占いでした。序文はさらに、この御籤に中国の占いや仏教のおこないを混ぜないことを述べ、日本の神の占いとしての純粋性を主張しています。

書名に含まれる「神代正語」は本居宣長の『神代正語《かみよのまさこと》』をふまえたものでしょう。『神代正語』は『古事記』や『日本書紀』の神話を仮名で記した書です。著者の宣長は日本独自の精神性を重んじて日本神話の研究に打ち込み、国学を大成したことでよく知られています。

『神代正語籤　全』の序文が書かれたのは、嘉禄六年（一八五三）のペリー来航以後、江戸幕府が開国に揺れ、国学の思想に影響を受けつつ尊皇攘夷運動が活発になっていた時期でした。折しも、横浜港が正式に開港し、外国人居留地が設置された年に重なります。明治維新の始発がどこかは諸説ありますが、仏教や易占の影響を意識的に廃した和歌みくじの成立という観点からすると、和歌みくじの近代は、幕末の尊王攘夷運動が高まる時期にはじまったといえるかもしれません。

(2) 幕末から明治時代の和歌みくじ

『神代正語籤　全』以後、明治時代に作られた神道系の主な和歌みくじには以下のものがあります。

①『神代正語籤　全』一冊、全八十番、安政六年(一八五九)序、架蔵。

②白幡義篤編『神籤五十占』一冊、全五十番、明治三年(一八七〇)刊(国立国会図書館蔵、近代デジタルライブラリー)。

③鷲尾里暁編『神国歌占鑑　乾・坤』二冊、全六十四番、明治二十年(一八八七)刊、国立国会図書館近代デジタルライブラリー。

④芳村正秉編『大中臣神秘伝　神籤活断』一冊、全、八十番、神習教大教庁、明治三五年(一九〇二)刊、国立国会図書館近代デジタルライブラリー。

⑤女子道社製の和歌みくじ、明治三九年(一九〇六)以後。

このうち①『神代正語籤　全』の判辞と和歌は、④『大中臣神秘伝　神籤活断』に継承され、現在も戸隠神社などで用いられています。『大中臣神秘伝　神籤活断』(以下、『神籤活断』と略称)は明治時代に神習教の管長であった芳村正秉による神籤です。この二つの神籤本と戸隠神社のおみくじがどのように関わるかは明らかではなく、今後の調査が待たれています。

②『神籤五十占』は、すでに紹介したように、神仏分離令が発せられた後、神社は神社にふさわしい和歌のおみくじを用いる必要があるということで新たに作られたものです。『神籤五十占』

による和歌みくじは、現在でも吉田神社や今宮神社など京都の神社を中心に用いられています。
③『神国歌占鑑』も、その序文に、神仏分離によって従来の寺院の別当が神官となり、元三大師御籤が衰えたために歌占を新たに考案して世に広めることを思いついたとあります。ただし、この歌占は、江戸時代の『天満宮歌占』と同様に六十四首から一首を選んで占うもので、その方法も先に紹介した謡曲「歌占」の男巫の子孫という北村家の歌占から着想したものと説明されています。
⑤の女子道社製の和歌みくじについては先に述べましたが、明治時代の終わりに、山口県の女子道社が女性の自立を促すための機関誌『女子道』の資金をつくるため、新たな和歌みくじを考案したのがはじめです。以後、女子道社は多くの和歌みくじを生み出して、全国の神社で女子道社の和歌みくじが用いられるようになりました。
これらの和歌みくじのうち現代でも用いられているのは、①『神代正語籤　全』⑷『神籤活断』）、②『神籤五十占』、⑤女子道社製の三種のおみくじです。現代の和歌みくじの礎は、幕末から明治にかけて作られたといってよいでしょう。

4　まとめ

これまで述べきたとおり、和歌みくじは神の託宣歌や巫者による歌占に由来するものでした。

室町時代頃には謡曲「歌占」に描かれるような、複数の歌から一首を選ぶくじ式の歌占が行われていました。江戸時代後期に入ると、元三大師御籤や易占の流行に影響されて『天満宮歌占』のような歌占本が多く出版されました。しかし、江戸時代に流布した歌占系の和歌みくじは、明治時代に入ると用いられなくなり、明治維新による神仏分離令が契機となって神道側から新たな和歌みくじが作られるようになりました。現在の神社における和歌みくじは、このような託宣や歌占の伝統を下敷きに、明治維新による神仏分離が契機となって新たに作られるようになったものなのです。明治維新が和歌みくじの画期でした。

和歌みくじは、これからどうなっていくのでしょうか。前節で見たように、明治時代に作られたおみくじは現在も使われています。しかし、その形は少しずつ変化しつつあります。たとえば、『神代正語籤　全』は、かつては埼玉県大宮市の氷川神社でも使われていましたが（島武史『おみくじの秘密』（一九七九、日本書籍）に宣命書の和歌を含む氷川神社のおみくじが紹介されています）、現在は宣命書による和歌の部分が省略されています。おそらく、すべて漢字で表記された和歌は、現代の人には理解するのが難しいため、省略されてしまったのでしょう。

おみくじにおいて最も大切な、神様のお告げにあたる和歌が省略されてしまうのは、とても残念ですが、理解できないものが省略されていくのは文化変容の一つのパターンでもあります。おみくじを例にあげると、中国の『天竺霊籤』が日本にもたらされて「元三大師御籤」として広まったとき、『天竺霊籤』の漢詩はほとんどそのまま引き継がれましたが、その解説は時代によって変化していきました（大野出、二〇〇九、『元三大師御籤本の研究―おみくじを読み解く』思文閣出版）。それだけでなく、漢詩に添えられた挿絵に至っては、『天竺霊籤』のものから離れて日本風の絵に置きかえられてしまいました。日本人は漢詩を理解することはできても、漢詩と対応しない挿絵については、その意味が理解できなかったからです。

たとえば、『天竺霊籤』の挿絵には「鹿」が多く描かれています。「鹿」は中国語で「lu」と発音し、これは財禄を意味する「禄」と同じ発音です。つまり、『天竺霊籤』の挿絵の「鹿」は、財禄の象徴として描かれたのです。しかし、それが日本人には理解できなかったため、日本の「元三大師御籤」の挿絵にはほとんど鹿が描かれませんでした。

『神籤五十占』は、京都の神社を中心に多く使われていましたが、こちらも少しずつ変化していきます。たとえば、かつては上賀茂神社や八坂神社も、このおみくじを用いていました。しかし現在では、どちらもその神社にゆかりの和歌を記した独自のおみくじが使われるようになっています。上賀茂神社では二〇〇八年から新しいおみくじが採用されました（図9）。上賀茂神社や八坂神社のような参拝客の多い神社では、その神社独自のおみくじが求められるようになってきたのでしょう。これもパワースポットが話題になり、神社仏閣めぐりが流行している時代ならではの現象かもしれません。

現代は多様化の時代といわれますが、その波はおみくじの世界にも及んでいます。オリジナルおみくじを企画・製作・販売する株式会社シープロジェクトは、二〇一三年からホームページ

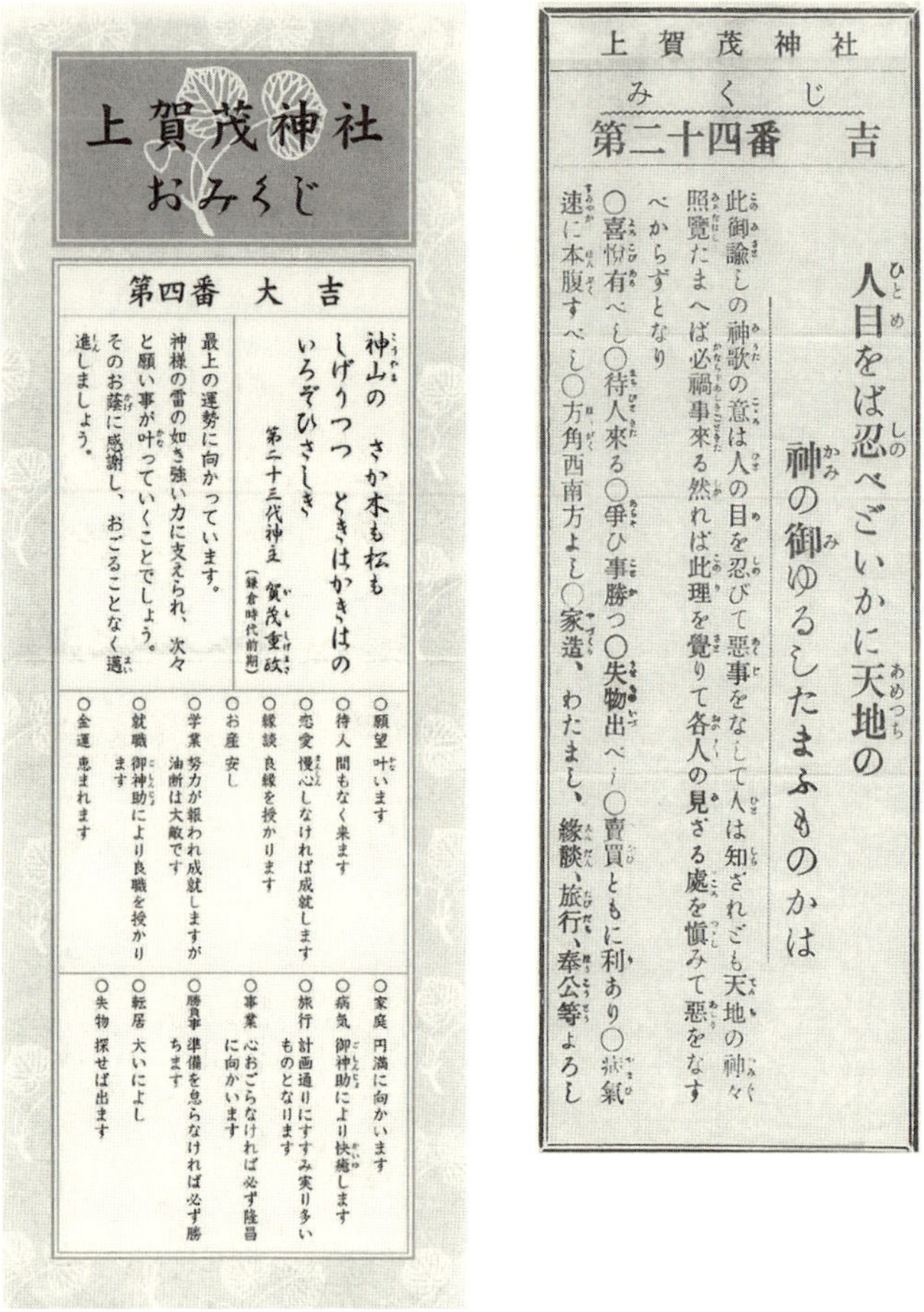

上賀茂神社

みくじ

第二十四番　吉

人目《ひとめ》をば忍《しの》べどいかに天地《あめつち》の
神《かみ》の御《み》ゆるしたまふものかは

此《この》御諭《みさと》しの神歌《みうた》の意《こゝろ》は人《ひと》の目《め》を忍《しの》びて悪事《あくじ》をなして人《ひと》は知《しら》ざれども天地《てんち》の神々《かみがみ》照覧《みそなはし》たまへば必禍事来《かならずわざはひきた》る然《しか》れば此理《このり》を覚《さと》りて各人《おのおの》の見《み》ざる処《ところ》を慎《つゝし》みて悪《あく》をなすべからずとなり

○喜悦《よろこび》有《ある》べし○待人《まちびと》来《きた》る○争《あらそ》ひ事《こと》勝《かち》つ○失物《うせもの》出《いづ》べし○賣買《うりかひ》ともに利あり○病氣《やまひ》速《すみやか》に本腹《ほんぷく》すべし○方角《はうがく》西南方よし○家造《やづくり》、わたまし、縁談《えんだん》、旅行《たびだち》、奉公《ほうこう》等よろし

上賀茂神社
おみくじ

第四番　大吉

神山《こうやま》の　さか木も松も
しげりつつ　ときはかきはの
いろぞひさしき

第二十三代神主　賀茂重政《しげまさ》
（鎌倉時代前期）

最上の運勢に向かっています。神様の雷の如き強い力に支えられ、次々と願い事が叶《かな》っていくことでしょう。そのお蔭《かげ》に感謝し、おごることなく邁《まい》進《しん》しましょう。

○願望　叶《かな》います
○待人　間もなく来ます
○恋愛　慢心《まんしん》しなければ成就します
○縁談　良縁を授かります
○お産　安し
○学業　努力が報われ成就しますが油断は大敵です
○就職　御神助《ごしんじょ》により良職を授かります
○金運　恵まれます
○家庭　円満に向かいます
○病気　御神助《ごしんじょ》により快癒《かいゆ》します
○旅行　計画通りにすすみ実り多いものとなります
○事業　心おごらなければ必ず隆昌に向かいます
○勝負事　準備を怠らなければ必ず勝ちます
○転居　大いによし
○失物　探せば出ます

図9　上賀茂神社の新旧おみくじ（右：二〇〇七年以前・左：二〇〇八年以後）

（フル・オーダーおみくじ専門店「おみくじプロジェクト」http://www.omikuji.jpn.com/）を通じておみくじの企画・製作を受注しています。この会社の新しい特徴は、英語、中国語、韓国語、フランス語、ロシア語、スペイン語、タイ語の多言語によるアニメ系イラスト付のおみくじを製作し、世界に向けて日本のおみくじを発信していることです。

二〇一五年一月には、天祖神社（東京都板橋区ときわ台）で、神社の御祭神と社宝の古絵馬に描かれた神々による和歌のおみくじ「天祖神社歌占《うたうら》」が生まれました。これは成蹊大学プロジェクト型授業との連携により考案されたもので、室町時代の謡曲「歌占」や江戸時代の歌占の伝統を継承して、呪文の歌を唱えた後、弓に結びつけられた短冊から一枚を選ぶ方法で占います。

これからも新しいおみくじはどんどん生まれていくでしょう。その一方で、元三大師御籤や女子道社のおみくじも末長く継承されていくはずです。時代の流れのなかで変わるおみくじと変わらないおみくじ。おみくじ研究のおもしろさは、そのあいだに隠れています。

※文中で引用したテキストは以下の通り。『八幡愚童訓』（『寺社縁起』、日本思想大系、岩波書店）、『保元物語（半井本）』（『保元物語　平治物語　承久記』新日本古典文学大系、岩波書店）、『万葉集』（『万葉集二』新編日本古典文学全集、小学館）。

※本稿は平成二十六年度科学研究費補助金・基盤研究（C）「社会調査法に基づく寺社における御籤・神籤に

関する思想史研究を中心とした総合的研究」（研究代表者：大野出、研究課題番号：22520073）による成果の一部である。

読書案内

中村公一『一番大吉！おみくじのフォークロア』（一九九九、大修館書店）には、中国と日本のおみくじの起源にはじまり、その歴史的な変遷やさまざまなエピソードがまとめられており、おみくじ文化を見渡すのに最適の一冊。巻末には「元三大師御籤」全百番の簡単な解説があります。

「元三大師御籤」については、大野出『元三大師御籤本の研究―おみくじを読み解く』（二〇〇九、思文閣出版）が詳細です。

第四章　スター
――どのようなスター像が作られてきたのかメディア研究アプローチ――

今田絵里香

1　イントロダクション

(1) メディアが作り出すスター

この章は、戦後の少女雑誌がどのようなスター像を作ったのかをあきらかにします。

スターはメディアが作り出したイメージです。実在する人間そのものではありません。スターは、たとえ恋愛をしていてもしていないかのようにふるまったり、反社会的なスキャンダルを揉み消そうとしたりします。それは、メディアが作り上げたイメージを壊さないようにするためです。そのことは、実在する人間のありようが、メディアが作り上げたイメージと一致しているわけではないことを示しています。

スターは、メディアによって、人びとの理想像として作り上げられていきます。人びとが「この人のようになりたい」「この人のような友人がほしい」と望むイメージが与えられていくのです。もしも、そのスターが人気を獲得したなら、そのスターに与えられたイメージが、大勢の人びとの理想像として受け入れられたことを示します。もちろん、そのような理想像の押しつけに抵抗する人もいます。でも、そういう人でも、そのスター像が大勢の人の理想像になっていることは、理解しているはずです。よって、それに抵抗するのであれ受け入れるのであれ、人気を集めたスター像は、その社会で暮らす人びとの理想像として広まっていくことになるのです。そう考えると、スター像をあきらかにすることは、人びとの理想像をあきらかにすることにつながります。

さらに、このスター像には「男らしさ」「女らしさ」に関するイメージが含まれています。スターが少年であるとき、理想の少年像が作られますし、少女であるとき、理想の少女像が作られます。そして人びとは、そのスター像に惹かれ、そのふるまいを覚えたり真似したりすることで、「男らしさ」「女らしさ」を学ぶのです。とすると、スター像をあきらかにすることは、人びとが身につけた「男らしさ」「女らしさ」をあきらかにすることにもなります。

戦後、日本社会は大きく変わりました。学校教育制度一つとってみても、一九四七年に教育基本法および学校教育法が出され、六・三・三・四の新学制がスタートします。そして、男女共学が原則になるのです。とすると、スター像も戦前とは異なるものが打ち出されたのではないでしょうか。そして、それが戦後の日本人の新しい理想像になっていき、新しい「男らしさ」「女らしさ」を作っていったのではないでしょうか。そう考えると、戦後のスター像をあきらかにすることは、今のわたしたちの「男らしさ」「女らしさ」をあきらかにすることでもあるのです。

(2)『ひまわり』『ジュニアそれいゆ』

本章がデータとするのは、中原淳一（一九一三～一九八三年）の手がけた『ひまわり』『ジュニアそれいゆ』という少女雑誌です（どちらも月刊）。理由はこれらが絶大な人気を誇ったからです。淳一は戦前、『少女の友』（実業之日本社）の看板画家として少女たちの人気を集めます。当時の少女たちが夢中になったのは、少女雑誌と少女歌劇でした。一九四〇年十一月、少女雑誌のカリスマ画家であった淳一が、宝塚少女歌劇団の男役のスターであった葦原邦子《あしはらくにこ》と結婚し、少女たちの話題を独占しました。戦後、一九四六年、淳一は神田神保町にヒマワリ社（一九五一年にひまわり社に変更）を作り、編集者として雑誌づくりに着手します。そして、『ソレイユ』（女性雑誌。一九四八年に『それいゆ』に変更）『ひまわり』『ジュニアそれいゆ』を世に送り出すのです。

『ひまわり』は一九四七年一月号から一九五二年十二月号まで刊行されました。六年の間に刊行された数は六七冊です。創刊号は八八頁で定価一五円、二月号は同頁で二〇円、三月号は九二頁で二五円、一九四九年一月号は四七頁で七〇円、一九五一年一月号は一二〇頁で百円、廃刊の号は一三八頁で九〇円となっています。値段は年によって大きく変動していたようです。

廃刊の理由は、一九五一年四月に淳一がパリに渡ったことで、『ひまわり』に以前ほどかかわれなくなったことです。これによって、『ひまわり』は部数が落ち込み、廃刊に至ったと考えられます。淳一は編集室に促され、やむなく三年の滞在予定を一年に切り上げて帰国します（葦原邦子、二〇〇〇、『夫 中原淳二』平凡社）。

帰国後、淳一は、『それいゆ』の臨時増刊号として、一九五三年三月に『ジュニア号』、八月に『それいゆジュニア号』を刊行します。そして、一九五四年七月には『ジュニアそれいゆ』とし、隔月で刊行することになりました。一九五五年四月号は一七八頁、定価一八〇円です。しかし、淳一が心臓発作で倒れ、『ジュニアそれいゆ』は一九六〇年十月号で廃刊となりました。七年間に刊行された数は臨時増刊号三冊を含め全四一冊です（表1）。

表1 『ひまわり』と『ジュニアそれいゆ』

	刊行期間（年）	総刊行数（冊）
『ひまわり』	1947〜52	67
『ジュニアそれいゆ』	1954〜60	41

図1は『ひまわり』一九四九年八月号の表紙、図2は『ジュニアそれいゆ』一九五六年五月号の表紙で、ともに淳一の手によるものです。どちらも瞳の大きな美少女が描かれていますが、『ジュニアそれいゆ』の少女のほうが、上に上がった太い眉をもっていて、りりしく強く描かれているといえます。

では、『ひまわり』『ジュニアそれいゆ』はどのような少女を読者としたのでしょうか。第一に、中学生・高校生です。少女雑誌は、戦時下の言論統制によって、『少女の友』と『少女倶楽

図２　『ジュニアそれいゆ』の表紙
（1956年５月号）
©JUNICHI NAKAHARA /ひまわりや

図１　『ひまわり』の表紙
（1949年８月号）
©JUNICHI NAKAHARA /ひまわりや

部』（大日本雄弁会講談社）のみになりましたが、戦後、『ひまわり』の他に『少女』（光文社）、『少女ロマンス』（明々社）、『女学生の友』（小学館）、『少女サロン』（偕成社）、『少女ブック』（集英社）など、多数の雑誌が生み出されます。そして、これらは読者の年齢によって棲み分けをしていました。『少女倶楽部』『少女』『少女サロン』『少女ブック』は小学生・中学生、『ひまわり』『少女ロマンス』『女学生の友』『ジュニアそれいゆ』は中学生・高校生を読者としていたのです。

　第二に、中間以上の階層です。読者のお便りを載せる通信欄には、「ブルジョワ雑誌」という批判の声、定価一八〇円は高すぎるという声が載っています（『ジュニアそれいゆ』一九五八年三月号）。しかし、『ジュ

表2 『ジュニアそれいゆ』1958年7月号における通信欄掲載者の居住地

居住地	実数（人）	割合（%）
東京	58	25.2
兵庫	25	10.9
愛知	18	7.8
大阪	18	7.8
北海道	10	4.3
京都	10	4.3
福岡	7	3.0
群馬	6	2.6
神奈川	6	2.6
その他（5人以下）	72	31.3
合計	230	100.0

資料）『ジュニアそれいゆ』1958年7月号

ニアそれいゆ』の「10代のアンケート　お小遣いしらべ」（一九五四年七月号）によると、回答者の多数が一か月のお小遣いとして五百円〜千円をもらっていることになっています。最低金額は二百円、最高金額は二千円なのです。このような読者にとっては、一八〇円は高価ではなかったといえます。しかし、同年のかけそばの値段が一杯二五円〜三〇円、東京の公立小学校教員の初任給が七千八百円だったことを考えると（森永卓郎監修、二〇〇八、『明治・大正・昭和　物価の文化史事典』展望社）、このような読者は少数の裕福な階層の少女であったといえます。よって、この章であきらかになるのは、中間以上の階層の中学生・高校生の理想像なのです。

第三に、都市居住者です。表2は、『ジュニアそれいゆ』一九五八年七月号の通信欄に掲載された読者の居住地を調べたものです。これを見ると、読者は東京・京阪神に集中していたことがわかります（東京・京阪神は全体の四八パーセント）。

なお、雑誌は一、二年で大きく変化することがないため、隔年で分析することにしました。ただ、創刊年に編集理念を掲載することがあるため、創刊号を分析できるよう、『ひまわり』は奇数年、『ジュニアそれいゆ』は偶数年の号を分析することにしました（『ひまわり』一九四七年一～十二月号、一九四九年一～十二月号、一九五一年一～十二月号。『ジュニアそれいゆ』一九五四年七月号、一九五五年四月号（復刻版として入手可能であったため分析号とした）、一九五六年一、四、五、七、九、十一月号、一九五八年一、三、五、七、九、十一月号、一九六〇年十月号）。ただし、淳一の言葉は重要であると考えられますので、すべて分析しました。

2　理想像

少女雑誌の理想像とスター像は切っても切り離せない関係にあります。少女雑誌の理想像に合わせてスター像を作り出すことがあるからです。よって、ここでは少女雑誌の理想像とスター像の両方を見ていくことにしましょう。

(1) 歌劇のスターから映画スターへ

最初に、『ひまわり』と『ジュニアそれいゆ』に掲載されているスターを見てみましょう。表3は『ひまわり』(一九五一年一月号)、表4は『ジュニアそれいゆ』(一九五五年四月号)に掲載されたスターの一覧表です。これらによると、『ひまわり』のスターは松竹歌劇団(一九九六年解散)か宝塚歌劇団のスターです。当然、全員女性です。じつは、一九三〇年代の『少女の友』も、宝塚少女歌劇団か松竹少女歌劇団のスターを大量に載せていました(今田絵里香、二〇〇七、『「少女」の社会史』勁草書房)。よって、戦前の少女雑誌のやり方を受け継いでいるといえます。しかし、『ジュニアそれいゆ』のスターは、映画スターが多数を占めます。しかも、女性は一九人、男性は一一人です。

(2) 「少女」から「ジュニア」へ

二つに、価値を与えられている理想像を見てみましょう。『ひまわり』では、「少女」という存在に大きな価値を見出しています。じつは、これについても、すでに戦前の『少女の友』がおこなっていたことですので(『「少女」の社会史』)、それを模倣したのではないかと考えられます。淳一は、身だしなみについて、あるいはマナーについて、さまざまなアドバイスをしていますが、少女そのアドバイスに一貫して見られるのは、「少女時代」こそもっとも価値ある時代であり、少女は「少女」であることを誇りに思わなければならないということなのです。

表3　『ひまわり』1951年1月号に掲載されたスター

氏名	性別	所属・職業
小月冴子	女	松竹歌劇団
有馬稲子	女	宝塚歌劇団
乙羽信子	女	大映（1950年まで宝塚歌劇団）
櫻間美幸	女	宝塚歌劇団
三鷹恵子	女	宝塚歌劇団
新珠三千代	女	宝塚歌劇団
黒木ひかる	女	宝塚歌劇団
大路三千緒	女	宝塚歌劇団
玉野ひかり（のちの玉野ひか留）	女	宝塚歌劇団
富士野高嶺	女	宝塚歌劇団
月空美舟	女	宝塚歌劇団
宮城野由美子	女	宝塚歌劇団
日下輝子	女	宝塚歌劇団
打吹美砂	女	宝塚歌劇団
山路小百合	女	宝塚歌劇団

資料）『ひまわり』1951年1月号

表4　『ジュニアそれいゆ』1955年4月号に掲載されたスター

氏名	性別	所属・職業
石浜朗	男	松竹
江利チエミ	女	歌手
北原隆	男	日活
桂典子	女	日活
山田真二	男	松竹
江原達怡	男	東宝
東郷たまみ	女	歌手
市川和子	女	大映
伊東隆	男	ミスタージュニアそれいゆ
浅丘ルリ子	女	日活
雪村いづみ	女	歌手
古田丈士	男	モデル
中川弘子	女	松竹
青山京子	女	東宝
井上大助	男	藤本プロ
野添ひとみ	女	松竹
久保明	男	東宝
中原ひとみ	女	東映
佐古田清美	女	読者
折田克子	女	読者（舞踊家の石井みどりとヴァイオリニストの折田泉の娘）
大野亮子	女	読者（のちのピアニスト深沢亮子）
ペギー葉山	女	歌手
万井洵子	女	日本ガールスカウト代表
堀口愛子	女	日本ガールスカウト代表
武藤章生	男	日活
松田和子	女	モデル
水野麻耶	女	ミスジュニアそれいゆ
羽鳥永一	男	日劇ダンシングチーム
旗照夫	男	歌手
中村メイコ	女	ラジオ・舞台・映画

資料）『ジュニアそれいゆ』1955年4月号

あなたが少女であると云う事を、あなたの一生を通じて、最も美しい時代であると云う事を、もう一度、考えて見て下さい。
少女時代は、あなたの長い一生の内の、ほんの短い時代でしかありません。少女時代。それは何んと云う素晴しい時代でしよう。美しさを飽食出来る、それはあなたに恵まれた、唯一度の機会なのです。

（中原淳一「ひまわり　みだしなみ・せくしょん」『ひまわり』一九四七年六月号）

ところが、『ジュニアそれいゆ』では「ジュニア」に価値づけがおこなわれています。

ジュニアの時代は、あなたの長い一生の中の、ほんの短い時代でしかありません。そして、最も美しく素晴らしい時代だということをよく考えてみて下さい。

（中原淳一「JUNIORそれいゆぱたーん」『ジュニアそれいゆ』一九五六年五月号）

このような淳一の語りを見る限り、「少女」と「ジュニア」は同じものに見えます。しかし、両者は大きな違いがあります。それは「少女」は少女を示すもので、「ジュニア」は少年少女を示すものであるということです。たとえば、『ジュニアそれいゆ』では、男性である串田孫一が、「もうとつくの昔にジュニアではなくなつてしまつた私」と語っています（「ジュニアの魅力について」一九五六年五月号)。また、労働する「ジュニア」のインタビュー記事が毎号、「ひまわり少女」シリーズという名で載っていますが、「ひまわり少女」という名であるにもかかわらず、ときどき「ひまわり少年」と名づけられた少年が出てきます。たとえば、一九五六年十一月号には、労働しながらヴァイオリニストを目指す伊藤正という少年が掲載されています。さらに、通信欄には少年読者の通信が掲載されています。一九五八年七月号の通信欄を見ると、掲載者は二三〇人、そのうち男子は一二人でした(五パーセント)。そのような通信では、少年は自己を「ジュニア」とよんでいます。たとえば、「ジュニアの楽しきムードを分ちあつていただけたら俺は昇天だ」(一九五八年九月号)などと語られているのです。

さらに、少年は「ジュニア」である一方、「BOY」「ボーイ」とも称されています。たとえば、通信には、

J・S(ジュニアそれいゆのこと——引用者)の新しいファンですがボーイなので少々照れくさい。(略)アップリケのデザインが出来るわけでもなくミシンも踏めませんがジュニアらしい甘さを身につけようと努力しています。学生のオシャレの第一歩は何でしょうか? 又学生服を利用したオシャレはないものでしょうか?(『ジュニアそれいゆ』一九五八年三月号)

などと、語られています。

この「ボーイ」の典型が高田賢三と金子功です。一九五七年四月、男子禁制であった文化服装学院が男子に門戸を開いたとき、男子二三人が入学しました。その二三名のなかには高田と金子がいました。高田はその後ファッションブランドのKENZOを、金子はPINK HOUSEをスタートさせ、ファッション・デザイナーとして成功します。そして、ファッション・デザイナーが男の仕事になりうることを実証したのでした。

後に、高田と金子は淳一に大きな影響を受けたことを告白しています。高田は「僕にとって中原淳一氏はその時代に彼のスタイル画を通し、〝洋服〟を身近なものに感じさせてくれ又、夢を与えてくれた人であると思います」（一九九九、『別冊太陽　美しく生きる　中原淳一　その美学と仕事』平凡社、五四頁）と語っています。金子は「僕はお目にかかってさえいないけど、あんまり「ジュニアそれいゆ」を一生懸命見ていたから、ファッションの世界ではほとんど弟子みたいな気分です」（『別冊太陽　美しく生きる　中原淳一　その美学と仕事』、四五頁）と語っています。

(3) エスから異性愛へ

三つに、少女小説のテーマを見てみましょう。少女小説には理想のふるまいが示されていると考えられます。まず、『ひまわり』の少女小説では、異性愛関係が描写されています。これは戦前の少女小説には見られなかったことです。たとえば、戦前の『少女の友』の少女小説では、兄弟以外の少年はほとんど出てきません。なので、少年と少女が異性愛関係になることはありえません。むしろ、当時の少女小説が描写していたのは、少女同士の親密な関係です。そのような関係は、姉妹関係になぞらえて「エス」（sister の「S」）といわれていました（『「少女」の社会史』）。『ひまわり』に異性愛を導入するきっかけを作ったのは翻訳小説です。翻訳小説は創刊号から毎号掲載されています。「シンデレラ姫」（一九四七年一月号）、「人魚のお姫様（人魚姫――引用者）」（一九四七年六月号）、「白鳥（白鳥の王子――引用者）」（一九四七年八・九月合併号）、「白鳥の湖」（一九四九年二・三月合併号）、「森の姫（眠れる森の美女――引用者）」（一九四九年四月号）、「沼の中の王子（かえるの王子――引用者）」（一九四九年五月号）などです。どの作品も主人公の少女と王子が異性愛関係になり、周囲に祝福されながら結婚するというラストで締めくくられています。

また、ハッピーエンドではないものの、「椿姫」（一九五一年二月号）、「蝶々夫人」（一九五一年三月号）なども掲載されています。ルイーザ・メイ・オルコットの「四人の姉妹（若草物語――引用者）」（一九四七年一月号～十一・十二月合併号）などの作品も掲載され、男女が親しく交流するさまが描写されています。

ただし、日本の作家による少女小説では、少年と少女の異性愛関係は描写されているものの、そこで重点が置かれているのは、あくまでも少女同士の関係、あるいは親子関係です。または、少女自身の成長がテーマにされています。たとえば、南川潤の「窓ひらく季節」（一九四七年一月号～十一・十二月合併号）では、主人公の少女が兄の友人と親密に交流し、やがてそれが異性愛関係に進展するところが描かれています。大田洋子の「ホテル・白孔雀」（一九四九年一～十二月号）

では、主人公の少女が友人の兄にほのかな恋心を抱き、それを打ち明けられないもどかしさが描かれています。ただし、それらが主軸に据えるのはあくまでも少女の成長なのです。

他に、川端康成「歌劇学校」（一九四九年六月号〜一九五〇年七月号）のように、少女同士のエス関係が主要なテーマとなっているものもあります。図3は淳一の手による同小説の挿絵です。二人の少女が手を取りあっているさまが描かれており、たんなる友人同士の関係とは異なる親密な関係、すなわちエス関係を読み取ることができます。

ところが、『ジュニアそれいゆ』では、欧米の翻訳小説においても、日本の作家による少女小説においても、異性愛関係が主要なテーマである小説が多数を占めています。図4は、『ジュニアそれいゆ』の少女小説を、異性愛が主要なテーマになっている小説と異性愛が主要なテーマになっていない小説に分類したものです。この図によると、異性愛を主要なテーマにする小説を半数以上掲載する号は、一五冊中一〇冊です。逆に、異性愛を主要なテーマにしない小説を半数以上掲載する号は、一五冊中五冊なのです。すなわち、異性愛を主要なテーマにする少女小説のほうが多数であるといえます。

図3　「歌劇学校」の挿絵
（『ひまわり』1949年8月号）
©JUNICHI NAKAHARA /ひまわりや

このような差異は、ジーン・ウェブスターの『あ

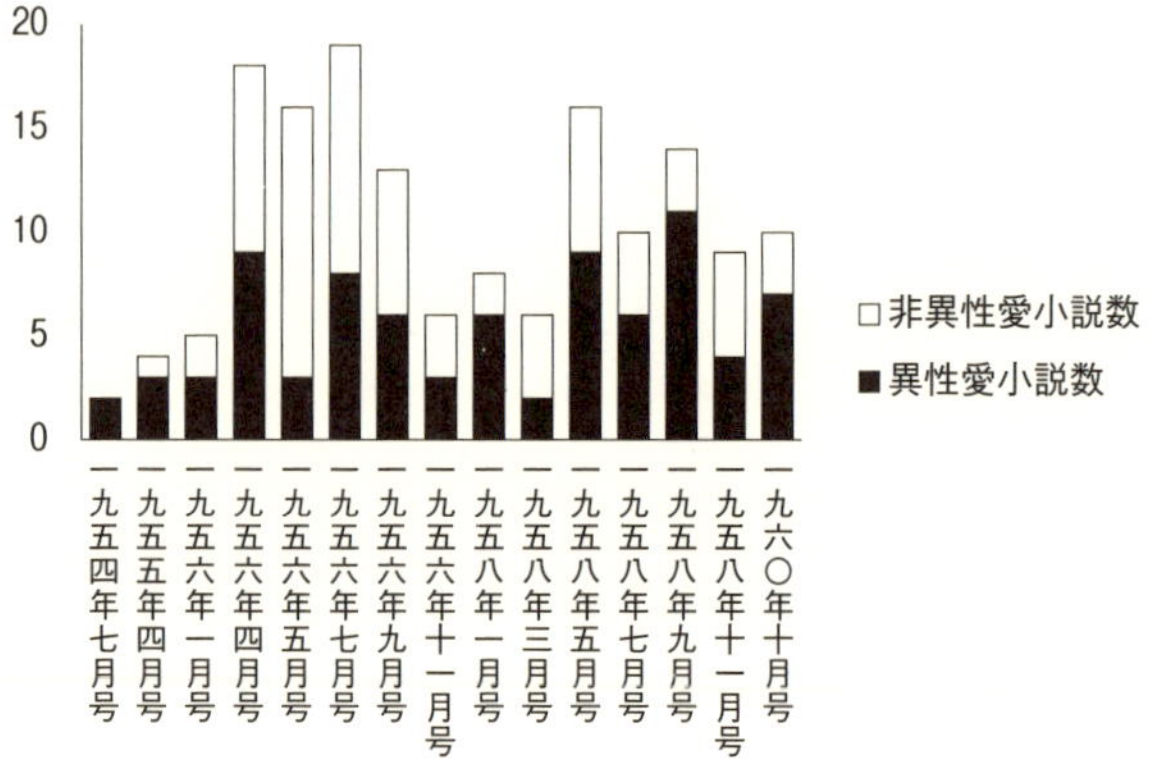

図4　『ジュニアそれいゆ』における異性愛小説と非異性愛小説

しながおじさん』の邦訳の差異として、典型的にあらわれています。『ひまわり』では、主人公のジルーシャの恋心は、「その知的な青年紳士に好意を持ちだした」（一九五一年十一月号）と描写されています。つまり、ジャーヴィスに抱く恋心が示されているものの、婉曲な言い回しになっているのです。しかし、『ジュニアそれいゆ』では、ジルーシャが抱く恋心が明確な形で描写されています。「あたしはジャーヴィスさんを愛しているのです」「最愛なる「あしながおじさん」のジャーヴィス様」「あたしはもう、二度とあなたを放しませんわ！」（一九五四年七月号）などです。

ちなみに戦前の『少女の友』では、ジルーシャとジャーヴィスの関係が、兄妹というメタファーで描写されています。異性愛関係として描写されているわけではないのです。「では大好きなジャーヴィス兄様、どうぞ一日も一時間も、いいえ一分間でも早くお癒りになるやうに、ジューディは一生懸命お祈りしてゐます。さやうなら、あなたの幸福な妹より　二伸、これはあなたをお兄様と呼ぶようになってから、初めて書くお手紙です」（一九三八年六月号）などです。

（4）憧れの君からボーイ・フレンドへ

四つに、どのような関係が理想的な人間関係として描写されていたのか、見ていきましょう。『ひまわり』では、少女同士の関係と少年少女の関係が両方、価値あるものとして扱われています。「憧れの君」（親密な関係の少女のこと）と「ボーイフレンド」（親密な関係の少年のこと）が両方、出てくるのです。たとえば、通信欄では、

想い出の人よ。（略）ひとときの出合いに貴女と結ばれてより早三年、伸びゆく日々の哀しみに、遠い想い出をいとおしんで、私の心奥深く、忘れられない貴女の存在を、ひそかになつかしみはしても、遠く山の彼方に住んでいらつしやると信ずる貴女に、ましてお名前すら知らぬ貴女に、どうして再びお会いする事が出来ると思いましよう。

（『ひまわり』一九五一年十二月号）

と、想いを寄せる少女について語る通信が載っています。その一方で、「ボーイフレンドのN君がおつしやいますには「いつも君はチヨコレートかキヤラメルくさいね」ですつて。やーだわ。

私、もつともつと素敵な匂いをもつた少女でありたいと思つてますのに」（一九五二年三月号）と、ボーイフレンドについて語る通信も載っています。戦前の『少女の友』が「憧れの君」に関する通信しか載せなかったことを考えると（『「少女」の社会史』）、大きな違いです。

ところが、『ジュニアそれいゆ』では、おもにボーイフレンドが出てきて、少年少女の関係が価値あるものとして扱われています。

戦後、男女共学の学校がたくさんでき、同じ教室で机を並べて男の子と女の子が、仲良く勉強しているのは、決して悪いことではなく、むしろ美しくさえあります。

（略）決してこのボーイ・フレンドとかガール・フレンドというものを『恋人』と一緒にしてはいけません。『恋人』というのは（略）婚約期間中の相手の人といつたようなものです。恋愛というのは、結婚するもの、結婚に結びついたものと考えてよいでしよう。

（略）ボーイ・フレンドとかガール・フレンドとかいう言葉は、戦後急に使われるようになりました。

（略）そしてボーイ・フレンドやガール・フレンドの間を心配したり、理解できなかつたりしたら、むしろその人の方がまちがつているんだとも考えられたものでした。

そして、ボーイ・フレンドやガール・フレンドを持つことは、何か新しい時代の人間になつたような気持さえ感じたのでした。

（中原淳一「ボーイ・フレンド」『ジュニアそれいゆ』一九五八年九月号）

この文章を読むと、男女が親しくつきあうということは男女共学によってもたらされたもの、かつ戦後民主主義に彩られた「新しい時代の人間になつたような」気分になるものとして淳一に把握されていることがわかります。

ただし、ボーイフレンドがどのような存在なのか、淳一ははっきりさせていません。この文章では、ボーイフレンドと婚約者は異なるとしています。しかし、だったらどのような存在なのか、淳一はあきらかにしていないのです。すなわち、たんなる友人なのか、結婚に結びつかない異性愛の相手なのか、はたまた、友人でもない異性愛の相手でもない、その中間くらいの人なのか、それとももっと他のものなのか、不明のままなのです。

このボーイフレンドを頻繁に描いたのは、挿絵画家の内藤ルネでした。ルネは、淳一に憧れ、一九五二年にひまわり社に入社します。入社後、しばらくは社員として働いていましたが、『それいゆジュニア号』に挿絵を載せた後、少しずつ『ジュニアそれいゆ』に挿絵を載せるようになりました。やがて『ジュニアそれいゆ』の看板画家として、淳一と肩をならべるようになります。そして一九五九年、淳一が脳溢血で倒れると、九月号から表紙絵を担当するようになるのです。ルネは、頻繁にボーイフレンドの絵を描き、ボーイフレンドについて語っています。晩年、ルネは、「どんどん男の子を描いていました」「昔から男の子を描くのがとっても好きだったんで

図５　内藤ルネによる挿絵（『ジュニアそれいゆ』1960年１月号）

す」と回想しています（内藤ルネ、二〇〇五、『内藤ルネ自伝：すべてを失くして』小学館、七五、七六頁）。

図５はルネが描いた挿絵です。少女たちが長身のボーイフレンドとともに朗らかな笑顔を振りまいています。ボーイフレンドをもつということが、ポジティヴなものとして描かれているといえます。

> 戦後一〇年を過ぎていても「ボーイフレンド」ということばにはまだ、後ろめたいというか、どちらかというとふしだらなイメージがあったんです。私はそれを変えたかった。明るい太陽の下で、男の子と女の子が楽しく一緒に過ごす。それも対等な立場でね。学制が変わって男女共学の時代が訪れたという社会背景もありましたけれど、私はとにかく、女の子も男の子も隔てなく、たくさん登場させたかったんです。
>
> （『内藤ルネ自伝：すべてを失くして』七六頁）

ルネは、男女が親しくつきあうことを「楽しいもの」「新しいもの」として、非常にポジティヴに描いたのです。これは淳一のとらえ方と共通しています。その結果として、『ジュニアそれいゆ』通信欄には毎号のように「ボーイ・フレンド」がほしいと訴える通信と、「ボーイ・フレンド」がいることを報告する通信が掲載されるようになりました。「うんと遊んでステキなボーイフレンド作るのよ」（一九五八年五月号）、「私もボーイフレンドも淳一、ルネ先生の絵が大好きです」（一九五八年一月号）などです。

3　ひまわりブランドのスター

(1)　ひまわりブランド

淳一がおこなったことは、少女雑誌というメディアを通して、先に示した理想像を広めただけではありませんでした。じつは、ひまわり社の事業は、淳一が手がけた雑誌・単行本を出版することだけにとどまるものではなかったのです。その事業とはどのつまり「ひまわりブランド」（皆川美恵子、一九九一、「『ひまわり』と『ジュニアそれいゆ』」大塚英志編『少女雑誌論』東京書籍、四五―八四頁）をつくることだったのです。一つに、東京の神田神保町に「ひまわり売店」を経営し、淳一のイラストの入った雑貨を販売しました。二つに、「ひまわり美容室」を経営し、淳一が考案した髪型を提供しました。三つに、「ひまわり洋裁店」を経営し、淳一がデザインした洋服を販売しました。つまり淳一は、雑誌・単行本によって、少女たちの思考の枠組みを変え、理想像を植えつけていきましたが、同時に、身のまわりの道具、ヘアスタイル、ファッションを通して、少女たちの生活そのものを理想の形に改変していったのです。まさに、淳一は少女たちの生活の隅々までひまわりブランドを浸透させていったといえます。

(2) スターの創造

さらに、淳一はスターそのものも作っていました。淳一は、美少年・美少女を見つけ出すと、自分の考え出したヘアスタイルに整え、自分のデザインしたファッションを身にまとわせました(『ひまわり』と『ジュニアそれいゆ』)。すなわち、ひまわりブランドを与えたのです。そして、『ジュニアそれいゆ』のファッションモデルとして、グラビアページに載せました。そのグラビアページは、淳一の手によって、美しく加工されています。もちろんコンピュータで加工したのではありません。画家である淳一が、写真の上に筆で色を加えて、その写真をまるで抒情画のように美しく変貌させたのです。

図6は『ジュニアそれいゆ』のグラビアページです。歌手の雪村いづみが、淳一のデザインしたドレスを着て微笑んでいます。傍らには淳一、そして雪村とたびたび共演し、淳一と親しかったシャンソン歌手の高英男がいます。このスターが、ドレスもなにもかもひっくるめて、淳一の作品であるとして示されているといえます。このように、少年少女をグラビアページで活躍させることによって、淳一はその芸能界入りを支援していきました。ときには、映画出演のチャンスを与えることもありました。一九五四年七月号では、「ミスター・ミスジュニアそれいゆ募集」

として、雑誌モデルになることを望む読者を募っています。ここからスターになった読者もいます。その一人が伊東隆です。

ひまわりブランドを身にまとって、一躍スターとなったのが、浅丘ルリ子でした。一九五四年、北条誠原作、中原淳一挿絵の「緑はるかに」という読売新聞連載小説が、映画化されることになります（公開は一九五五年）。そのヒロインを決めるオーディションでは、淳一は審査員の一人となりました。そのとき、淳一は当時中学二年生であった浅丘をオーディションの控室で目にし、たくさんの少女たちのなかで浅丘がもっとも美しいと考えます（『ジュニアそれいゆ』一九五七年九月号）。そして、映画のプロデューサーである水の江瀧子が自分の姪を推すなかで、淳一は浅丘を推し、けっして譲らなかったのでした（『別冊太陽　美しく生きる　中原淳一　その美学と仕事』六二—六四頁）。

図6　『ジュニアそれいゆ』のグラビアページ（1956年1月号、中央が中原淳一）

こうして、浅丘は応募総数数千人（『ジュニアそれいゆ』一九五五年四月号）のなかから、ヒロインとして抜擢されます。その後、浅丘は淳一の手によって、長いおさげ髪から「ルリコカット」に整えられ、ひまわりブランドのドレスを着せられました（『ジュニアそれいゆ』一九五五年一月号）。そして、スターとして華々しくデビューしたのです。このルリコカットが、のちに少女の間に大流行したことはよく知られています。葦原によると、淳一の告別式の日に、浅丘は「淳一先生が居なかったら今日の自分はなかった」とインタビューに答えていたといいます（『夫　中原淳一』一三二頁）。

そして、『ジュニアそれいゆ』のグラビアでは、少年少女スターはペアで載せられていました。図7のグラビアの男女は、浅丘ルリ子と第一回ミスタージュニアそれいゆの伊東隆です。淳一がデザインした、王子さまとお姫さまのファッションを身にまとっているところから、相思相

図7　浅丘ルリ子と伊藤隆
（『ジュニアそれいゆ』1955年4月号）

図8　岡田眞澄と雪村いづみ
（『ジュニアそれいゆ』1956年5月号）

愛の男女関係を読み取ることができるでしょう。図8のグラビアでは、岡田眞澄と雪村いづみが、「蝶々夫人」をモチーフにした衣装を着せられています。ここからも、相思相愛の男女関係を読み取ることができます。

4 まとめ

この章では、『ひまわり』『ジュニアそれいゆ』がどのようなスター像を作り出したのか、分析してきました。その結果、『ひまわり』が『ジュニアそれいゆ』に取って代わると同時に、その理想像も入れ替わったことがわかりました。

①スターは、歌劇界の女性スターが映画界の男女のスターに取って代わり、
②価値ある存在は、少女限定の「少女」が少年少女を含む「ジュニア」に変わり、
③理想のテーマは、エスから異性愛になり、
④理想の人間関係は、少女同士の関係から少年少女の関係に入れ替わったのでした。

このような理想像の変化は、ひとことでいうと、少女スターが少年少女ペアのスターに入れ替わった、あるいはエスのスターが異性愛のスターに入れ替わったととらえることができます。

そして、『ジュニアそれいゆ』では、少年少女をスターとして育てていました。そこでは、ひまわりブランドが与えられました。それと同時に、『ジュニアそれいゆ』の理想像のイメージが与えられていったと考えることができます。すなわち、少年少女ペアのスター、あるいは異性愛のスターのイメージが付与されていったと考えられるのです。じっさい、『ジュニアそれいゆ』のスターは、少年少女のペアで載せられていることがわかっています。

読者は、このようなスター像を理想像として受け入れていました。さらに、読者は『ジュニアそれいゆ』を読み込むことによって、またひまわりブランドを身につけることによって、ときにはミスター・ミスジュニアそれいゆに応募することによって、そのスター像に自己像を近づけていきました。そして生活そのものを理想の形に変えていきました。

このような『ジュニアそれいゆ』のスター像は、戦後の学校教育が男女共学を原則とするようになったからこそ、もたらされたものであると考えることができます。男女共学が原則になったことによって、学校では、少年少女がともに学んだり、親密な関係を築いたりすることが、促されていきました。『ジュニアそれいゆ』はそのような変化を、諸手を上げて受け入れていったのです。そして、男女共学を賛美し、少年と少女の関係をポジティヴに描いていったのです。

しかし同時に、そのことは、少女同士の関係を排除することでもあります。男女別学、および、それによって少女同士がともに学んだり、親密な関係を築いたりすることを一切描かなくなることでもあるのです。このことによって、少女雑誌は、少女が誰とどのようにつきあうかのルールを定めていきました。すなわち、少女は少女ではなく、少年とつきあうこと、そして、少女は少女同士の関係ではなく、少年少女の関係をなにより大切にすることが、少女のルールとして、いいかえると、少女というジェンダーのルールとして、新たに設けられることになったのです。

読書案内

戦前の少女雑誌が、どのようなイメージを作っていったのかについては、今田絵里香『「少女」の社会史』（二〇〇七、勁草書房）があきらかにしています。中原淳一に関しては、彼の仕事の全容をあきらかにした皆川美恵子の研究（一九九一、「『ひまわり』と『ジュニアそれいゆ』」大塚英志編『少女雑誌論』東京書籍、四五―八四頁）、『ひまわり』の少女像をあきらかにした森田伸子の研究（二〇〇三、「戦後日本における少女という主体：『ひまわり』（一九四七―一九五二）の政治世界をめぐって」森田尚人・森田伸子・今井康雄編『教育と政治／戦後教育史を読みなおす』勁草書房、五四―九三頁）、『それいゆ』の女性像をあきらかにした小山有子の研究（二〇〇三、「中原淳一の女性像：あなたがもっと美しくなるために」『女性学年報』第二十四号、四一―六〇頁）があります。本章は、これらの研究と比較すると、『ひまわり』『ジュニアそれいゆ』のスター像をあきらかにすることに力点が置かれています。

第五章　敬老の日

――老いを敬うのか、老いを隠すのか
社会学・メディア研究アプローチ――

渡邉大輔

1　イントロダクション

(1) 高齢者像を分析するということ

この章は、戦後という時代、とくに一九五〇年代から一九七〇年代を中心に高齢者像がどのように形成されてきたのかを議論していきます。具体的には、現在は高齢者と呼ばれる存在が、どのように意味づけられているのかを、「敬老の日」の成立と、その成立の前後に確立されていく社会制度から考えてゆきます。そして、老年期と呼ばれる人生の区分をポジティブに捉える考え方、あるいはネガティブに捉える考え方が社会に広まっていく過程を分析します。

ここで、「高齢者像が形成される」という言葉をみて、不思議に思われるかもしれません。年

をとっている人、すなわち高齢である人が高齢者なのであって、それ以上でも以下でもないのではないかと。しかし、そもそも何歳が「高齢」なのでしょうか。年齢の区分はけっして自然のものではなく、定年の年齢や年金受給開始年齢などの恣意《しい》的に決められた社会制度によって規定されています。

また近年では、地域の老人クラブの加入率が低下しています。その理由に、「老人と呼ばれたくない」あるいは「老人になりたくない」という理由をあげる人は多くいます（ひょうご震災記念二一世紀研究機構長寿社会政策研究所編、二〇〇二、『都市部における老人クラブ活動の活性化方策に関する調査研究』、四七頁）。ここからは、老人や高齢者というイメージ、すなわち高齢者像が、高齢の人にとって重要な意味をもっていることがわかります。このように、言葉はつねにある特定の社会におけるイメージと結びついています。この章では、この高齢者像の変化を考えていきます。

なおこの章では、一般的な言葉である「お年寄り」や「老人」、「高齢者」という言葉を避け、「高齢の人」と表現します。なぜなら、先ほど説明したように、一般的とみえるこれらの言葉もまた、ある特定の社会的な文脈の上に成立している表現だからです。そこで、これらの言葉をすべてまとめた集合として仮に「高齢の人」と呼びます。ただ、この表現はけっして中立的な言葉ではなく、一般的な表現との距離をとるためにもちいているという点に注意してください。

(2) データ

データとして、研究書などの文献資料、新聞資料、公的統計資料といった複数のメディアを使用します。文献資料は、高度経済成長期前後（一九五〇年代から一九七〇年代）の文献を中心に分析します。この時代の高齢化に関する文献資料としては、『戦後高齢社会基本文献集』（第Ⅰ期二〇〇六年、第Ⅱ期二〇〇七年、日本図書センター）が充実しています。その他の文献も適宜参照しました。

新聞資料は膨大にあるのですが、本章では『朝日新聞』に限定しました。たしかに、新聞もさまざまな種類があり、『朝日新聞』だけではデータとして偏りがある可能性があります。しかし、高齢者像は日本社会全体において当時の時代状況を色濃く反映してつくられたものであること、『朝日新聞』は一九六〇年代から「お年寄り」の特集記事を組むなど、高齢化問題や福祉政策を積極的に扱っていたことから、この章ではこの一紙のみを取りあつかうこととします。

記事は朝日新聞社が提供しているデータベースである聞蔵Ⅱをもちいて収集し、一九四五年から一九八五年までは『朝日新聞縮刷版』を、一九八六年から現在までは『朝日新聞』本紙の記事を扱っています。とくに記事数の検索については、「年寄り」（「としより」「おとしより」「年寄」「お年寄り」を含む）、「老人」、「高齢者」の単語をもちいて記事をさがしました（一九七三年から七四年にかけて「若いチエ年寄りのチエ」という特集が組まれており、それぞれ八五件、一三件の記事が掲載されています。しかし、これは特殊な事例であるため、記事数の変化を見ることに適さないという観点から、記

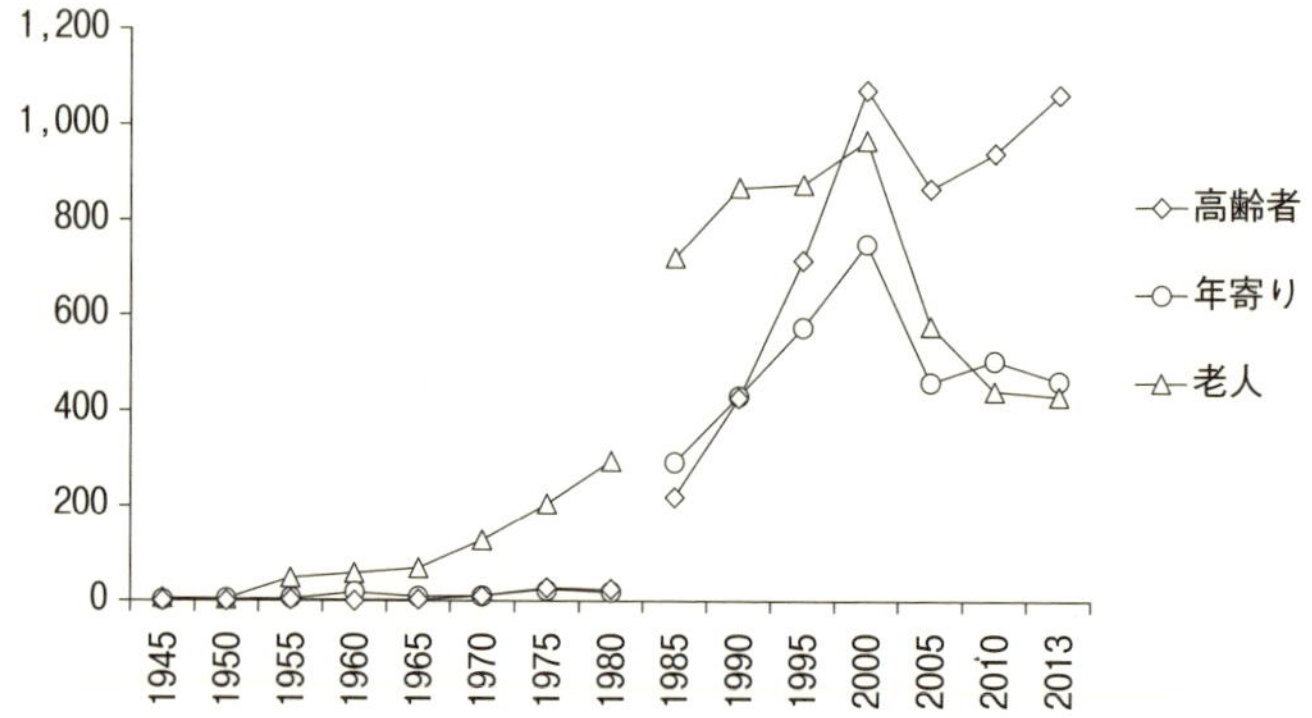

資料：聞蔵Ⅱ『朝日新聞縮刷版』、『朝日新聞』（本紙、東京版）各年度より作成

図1　高齢にかかわるキーワード別新聞記事数の推移

（1945～1980年は『朝日新聞縮刷版』、1985年～2013年は『朝日新聞』（本紙、東京版）の記事数）

事数の分析では除外しています）。

図1に、高齢にかかわるキーワード別新聞記事数の推移を示しました。この図からは、戦後一貫して、高齢に関連する記事が増え続けてきたことがわかります。またそのキーワードは一九九〇年代までは一貫して「老人」が多く、現在ではもっとも頻繁に使用されている「高齢者」は、一九九〇年代から急速にもちいられ、二〇〇〇年頃からもっとももちいられるようになったことがわかります。また、「年寄り」はどの年代でも一貫してもちいられてきました。どのような言葉を使うかという点にも、時代状況の変化が表れていることがわかります。この章では、高度経済成長期前後を扱うため、なぜ「老人」から「高齢者」へと切り替わってゆくのかのプロセスはあまり説明できませんが、「老」という言葉が持つ意味の変化が、最終的

には言葉の選び方へとつながるということをまず知って欲しいと思います。

2　尊ばれ、保護される高齢の人

(1) 日本における敬老の文化

日本には長寿者を敬う「敬老の文化」があるといわれてきました。年齢差別（エイジズム）についで詳細な分析を行ったアメリカの社会老年学者パルモアは、一九七〇年代に日本とアメリカの高齢の人を比較し、日本にはアメリカにはない敬老精神があると指摘しています（アードマン・パルモア、一九八五（翻訳一九八八）、『お年寄り：比較文化から見た日本の老人』九州大学出版会）。この敬老精神の基盤は「タテ社会と孝行の二つ」であり、「タテ社会の基盤によって年長者への敬意は当然のものとなり、孝行は自分の親や祖父母への義務を規定する」（『お年寄り』、二七頁）、この両者が組み合わさることで、日本社会における敬老の精神がはぐくまれているというのです。

とくに孝の思想の影響は、日本の論者も指摘するところです。法学者の穂積陳重《のぶしげ》は、老年の位置づけを人類史的な説明によっておこなっています。かつては飢えの問題から、場合によっては高齢の人を殺したり（殺老俗《さつろうぞく》）、姥捨て山の説話にあるように山に捨てたりしました（棄老俗《きろうぞく》）。対して、近代になって高齢の人の隠居が可能になったことは、イエを前提にした習俗の進歩の一例であるとしています。そして、この自らの父母の隠居と儒教に媒介された長者を尊ぶ習俗が融合する中で、敬老の道徳が生まれたと説明するのです（穂積陳重、一八九一（復刻一九八九）、『隠居論』クレス出版）。

また戦後の代表的な法社会学者である川島武宜《たけよし》は、未開社会における秩序を維持するための原理としての老年の尊重が、江戸時代に儒教思想と融合、再編されることで敬老の思想となったと説明しています（川島武宜、一九五〇（復刻二〇〇〇）、『日本社会の家族的構成』岩波書店）。このように、必ずしも古来からとは限りませんが、少なくとも明治後期以降には「敬老」という考え方が日本社会に広範囲にみられ、敬老の文化というべきものが存在していたことがわかります。

(2) としよりの日の誕生

国民の祝日の一つである九月十五日の「敬老の日」は、この敬老の文化の象徴といえるものです。しかし、敬老の日が、もともとは「としよりの日」と呼ばれ、ある自治体が独自に制定したものであることはあまり知られていません。

兵庫県多可郡野間谷村（現多可町、図2）の村長であった門脇政夫（一九一一〜二〇一〇年）は、一九四七年に「としよりの日」を提唱します。これは、終戦からわずか二年後であり、貧しさと飢えで生活もままならないなかで、「老人を大切にし、年寄りの知恵を借りて村作りをしよう」として、農閑期である九月十五日を「としよりの日」と定めたことがはじまりとなっています。

実際、いくつかの俗説があるものの、祝日が九月十五日であることに明確な根拠はありませんでした。農閑期の切りのよい日取りを選ぶことで、九月十五日が選ばれたと思われます。野間谷村では、としよりの日に村中の五五歳以上の人を三輪車で迎え、公会堂に介してもてなすお祭を開いていています。この記念日を規定した後、門脇村長は兵庫県や国に陳情を繰り返し、としよりの日を国民の祝日にするように求めていきます。

その努力が実り、一九五〇年には全国養老事業大会において、九月十五日を「としよりの日」と定め、その日から一週間を「としより週間」とすることが決まります。この実施主体は中央社会福祉協議会であり、関係省庁や自治体、各地域の社会福祉協議会などに呼びかけて一九五〇年に第一回の「としよりの日」を開催しました。その目的は、「老人に対して、敬老感謝慰安の行事を行ない、老人を慰めはげますと共に、社会全般に対しては、老人に対する認識を新たにして貰いたいのがねらい」（池川清、一九六〇（復刻二〇〇六）、『老人福祉』日本図書センター、一四一頁）でした。野間谷村と同様に、高齢の人を大切にし、慰安すること、さらに老人の存在への理解を訴えています。

図２　兵庫県多可郡野間谷村（現、多可町）の位置

ただし、としよりの日の認知度はそれほど高くありませんでした。新聞記事を調べても、としよりの日に言及する記事は多い年でも年間二、三本程度です。制定された二年後の『朝日新聞』の「天声人語」では、やや皮肉に次のように書かれています。

十五日は「としよりの日」。年寄りというものはラジオと同様、鳴っているときはうるさくても、故障で止まってしまうとトタンにさびしくなるものだ。年寄りはせいぜい大切にしたい。

（『朝日新聞』一九五二年九月十五日朝刊 一面）

さらに次のように続きます。

「としよりの日」の年よりとは幾歳くらいを標準にしていうものか。昔から「人生五十」といった日本人も平均寿命が近来ぐんぐんと伸びて、今は男が六〇・八歳、女六四・八歳となった。一昨年の国勢調査では六十歳以上が六百三十八万にもあるのだから、お盛んなものだ。

（『朝日新聞』一九五二年九月十五日朝刊 一面）

ここからは、高齢の人の基準となる年齢がまだ定まっておらず、「としより」が誰なのかも明確ではないさまが見てとれます。実際、野間谷村では五五歳以上の人をもてなす取り組みを行っていましたが、この時期、高齢の人が誰かということに明確な基準はありませんでした。そのためこの時期には、年寄りや老人とは誰かという問いが、しばしば繰り返されていきます。

(3) としよりの日から敬老の日へ

さて、「としよりの日」が制定されて以降、国会への陳情は一九五〇年より毎年のように続けられていました。国会の議事録をみてみると衆参両院のさまざまな委員会において「としよりの日を国民の祝日に制定の請願」や、これに類する請願が付託されています（「国会会議録検索システム」）。その結果、一九六六年に、九月十五日を「敬老の日」とする国民の祝日に関する法律の改正が行われ、今ある国民の祝日としての「敬老の日」が登場します。同法では、敬老の日を「多年にわたり社会につくしてきた老人を敬愛し、長寿を祝う」と謳《うた》っています。

ここで注意したい点は、高齢の人へのまなざしが変化していることです。「としよりの日」の目的は、高齢の人への感謝であり、慰安などが行われていました。この点は変わっていません。しかし、敬老の日には「多年にわたり社会につくしてきた老人」という言葉が入り、社会に貢献してきた主体としての老人という像が想定されています。ここには、敬老の位置づけが、より積極的に老人の「これまでの価値」を承認する形に変化しているということです。すなわち、高度経済成長期の生産体制に適合的な人間を尊重するという形に、緩やかに変化している点がみてとれます。

（4）保護する対象としての老人

敬老の日が国民の祝日となる一九六〇年代前後には、高齢の人に大きな影響を与えるさまざまな社会制度が体系化されていきます。一九五九年に国民年金法が成立し、すべての国民が何らかの年金制度に加入する国民皆年金が実現します。これにより、老後の問題は家族による扶養だけでなく、自立した老後の生活という想定が一般的な選択肢となります。

その後、一九六三年に老人福祉法が成立します。この法律は、老人福祉に関する包括的な法律であり、特別養護老人ホームなどの施設でのケアやホームヘルパー事業などの在宅ケア、また、老人クラブへの助成、老人医療費の支給などを定めています。この法律によって、それまでは個別に行われていた高齢の人への福祉サービスが体系化され、不十分だったケアサービスの拡充が始まります。このように、高齢の人を対象とするさまざまな社会制度がつくられ、高齢の人の生活を社会が支えていくための仕組みがつくられていきます。そして、このサービス対象は原則として六〇歳以上と規定していたことから、年齢による人生区分の重要性が増すこととなります。

また、定年退職制度が一般化するのもこの時期です。図3は定年制を定めている企業における定年年齢別の企業数割合を示したものです。図3からは、一九六〇年代後半は五五歳以下の定年が一般的であることがわかります。この定年の一般化は、先ほど説明した高齢の人の生活保障についての社会保障制度整備とともにすすみます。この高齢の人に対する社会保障制度整備と定年制の一般化によって、壮年期以降も年齢が非常に重要な意味をもち、年齢によって保護されるか

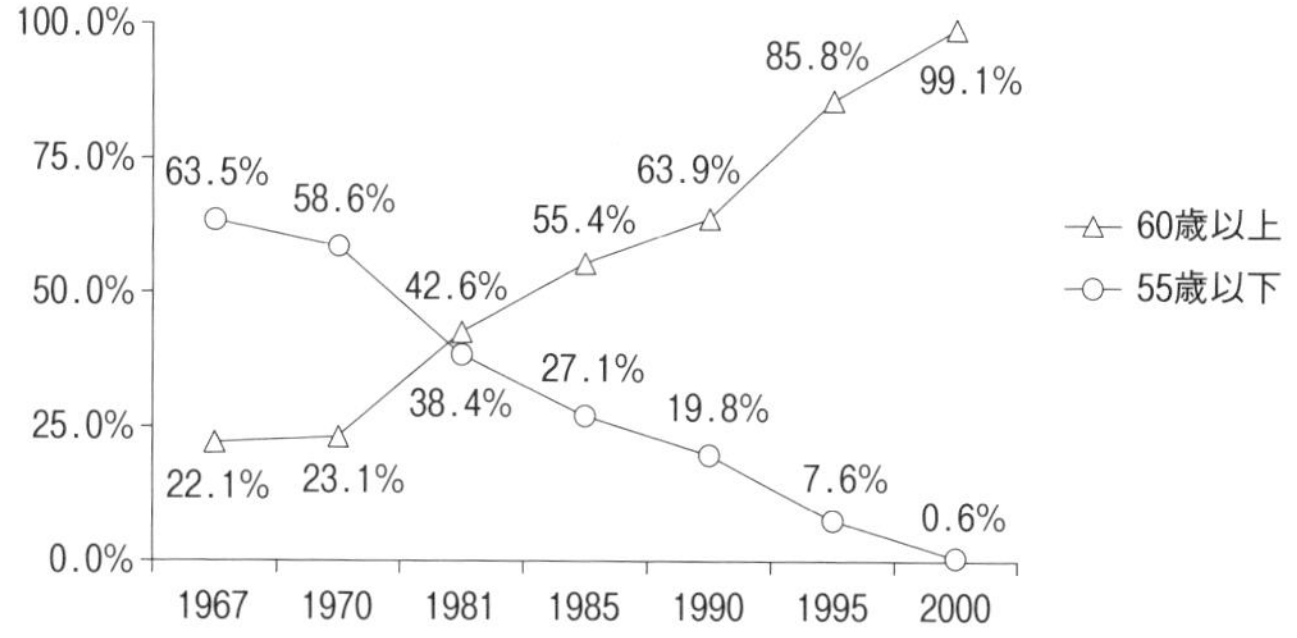

出典：厚生労働省「雇用管理調査」各年度より作成

図3　一律定年制を定めている企業における定年年齢別企業数割合の推移（1967〜2000年）

どうかが決まる社会制度がつくられていくのです。

(5) シルバーシート：民間による保護

一方、このような国レベルによる保護だけが進むのではなく、私たちの生活に密着した部分でも高齢の人を保護し、優遇するような仕組みがつくられていきます。その例として、電車のシルバーシートがあげられます。このシルバーシートの設置には前史があります。それは、一九五七年に国鉄（現在のＪＲ）京浜東北線と中央線で設置された「老幼優先車」です（図4は当時の看板）。当時の新聞では、この老幼優先車について次のように論じています。

いかつい名称だが、これは今まで利用の少なかった二等車を全廃して、お年寄り、こどもにサービスしようというもの。（略）「わしはまだ若い」とするご老体、スシ詰めの一般車を横目に座り込む〝若年寄〟の姿も見られたが、国鉄では「追い出すようなことはしません。お客さんの良識にまかせます」としているので、日本人の公衆道徳の試験場になりそうだ。

（『朝日新聞』一九五七年六月二〇日夕刊五面、東京）

しかし、この老幼優先車は一年もたたずに廃止されます。その理由は、通勤者や若い女性、中年婦人が座席を占有して機能しなかったからでした。一月後の新聞では、「〝割り込む女性群〟公徳心は五〇点以下車掌の結論は「廃止」」（『朝日新聞』一九五七年七月二〇日朝刊九面）という見出しを掲げ、車両が機能していないさまを説明しています。すなわち、一九五七年の時点では、敬老の文化は言葉としてはあったものの、その実態がどこまで都市空間で一般化できるかには疑問の余地があることが見てとれます。

図4　老幼優先車（昭和32年）の看板（イメージ図）

一九七三年に、「お年寄りやからだの不自由な人たちのための優先席」（『朝日新聞』一九七三年八月十四日朝刊一三面）という現在でも耳慣れた表現とともに、国鉄中央線に車両の一部の座席を優先席とするシルバーシートが登場します。シルバーシートの導入後、「老人席を若者が〝占拠〟」（『朝日新聞』一九七三年十一月六日夕刊三面）などといった若者のモラルを批判する記事が散見されるものの、全般的には大きな混乱もなく、二年後には国鉄だけではなく私鉄各線にも設置が要請され、順次導入されていきます。

ここで注意するべき点は「高齢であるがゆえに」保護されるということが、当然になっていることです。シルバーシートの導入で人びとのあいだに混乱が起きなかったという点は、この保護対象としての老人という意識が、制度上だけでなく一般化してきたことを示唆しています。

このように、高度経済成長期の一九六〇年代前後に、たんに高齢の人を敬い慰安するだけではなく、高齢の人を年齢に基づいて「老人」として類型化することを前提とした、高齢の人を保護する社会制度が整備されていきます。つまり高度経済成長期に、高齢の人は敬われると同時に、一般の人とは異なる、保護されるべき対象と見なされてゆくのです。

3　忌避すべき老い

(1)　ルミスのみた日本社会の変化

しかし、高齢の人への視線は、敬いつつも保護することにとどまるものではありませんでした。一九六〇年に沖縄に海兵隊員として駐留し、翌年から日本に居住した政治学者であるダグラス・ルミスは、来日当時の印象を次のように語っています。

私が最初に日本に来たのは二五年前だが、その時は年寄りには住みよい国のように思われた。若さを賛美し、老年は恥とみる国から来ると、日本は際立って異なっているように思ったのだ。私の住んでいたところでは、隣近所の老人たちが日常生活の中心にいるようにみえたし、実際老人はたえず忙しかった。使い走りや近所づき合い、庭仕事、孫のお守などなど。とくに農家では、何歳になっても老人は何か敬意を表すべき仕事が常にあるらしかった。

(ダグラス・ルミス、一九八六、「若者が年をとるということ」、伊藤光春ほか編『老いの人類史』岩波書店、七三頁)

高度経済成長が始まったころの日本の様子に、まだまだ牧歌的な様子を見いだしているルミスの姿がみえてくる文章です。若く元気でいることのみに至上の価値を見いだすアメリカ社会に対して、コミュニティのなかで自らの役割を持ちながら敬意を受ける日本の高齢の人との違いに、深く感じ入っている様子がわかります。

ルミスが観察した一九六〇年時点では、およそ三三パーセントが農業を中心とした第一次産業従事者であり(「国勢調査」)、核家族化もまだ進んでいない時期でした。ルミスは高齢の人を、年寄り、あるいは、老人と呼びながら、彼、彼女らの日常生活を肯定的に評価しています。しかし、ルミスは同じ文章において次のように続けています。

ひとつの国が二五年の間にどれほど根本的変化を遂げうるか、愕然とせざるを得ない。今日、年をとることは「社会問題」として議論されている。老人はますます、長生きしたため自らの機能を失った人たち、社会のお荷物、福祉問題と見なされるようになっている。彼らの「面倒をみる」のは誰か、家族かあるいは国か。言い換えれば老人たちは、日常生活の中心部分で自然に積極的かつ尊敬に値する役割を果たしている人たちとみられるのではなく、むしろ社会に占める立場が怪しくなった人たちであると再定義されているのだ。

（「若者が年をとるということ」、七五頁）

この文章はルミスが一九八六年に書いたものです。いったいこの間に、敬老の日をつくり、社会保障制度を整備する中で高齢の人を敬い、保護していく仕組みを整えていたはずの日本に何が起きたのでしょうか。

(2)『恍惚の人』の衝撃

ここで一つの象徴となる文学作品があります。それは、有吉佐和子が一九七二年に発表した『恍惚の人』です（有吉佐和子、一九七二、『恍惚の人』新潮社）。この作品は、当時は痴呆と呼ばれていた認知症の人の家族介護の困難さを描いたものでした。

主人公の暁子は、姑の急死により舅の茂造の介護を働きながら担うこととなります。茂造は、徘徊や妄想、幻覚などを繰り返し、ときに亡き妻の骨壷をあけて骨を食べたり、自らの大便をさわって床に擦りつける（不潔行為や弄便と呼ばれ、「問題行動」と呼ばれてきた行動の一つであり、現在は「行動障害」と理解されています）などといった姿が描かれていきます。さらに茂造は、これらの行動の末に「人格欠損」へと落ちていくさまを読者にみせつけていきます。

人格欠損から「恍惚」へといたる茂造の姿に、そしてその茂造を受け入れて最後まで面倒を見ようとする暁子の姿に、読者が感銘をうけたとはいいがたいものがありました。むしろ多くの読者は、「こわれゆく老人」の姿と、その「こわれゆく老人」を介護する人間の苦労と苦悩に恐れをいだき、そして何よりもそれが将来の自分ではないかという点に恐怖心をいだいたのです。

この『恍惚の人』は、当時の知識水準から見ても、痴呆症（認知症）の人の描き方としては問題があるものでした。それでも、あるいはだからこそ、おそらく著者である有吉の想像以上にこの本への反響は大きく、一九七二年の大ベストセラーとなります。そして、医師や老年学者はその老いや痴呆症（認知症）、そして介護への一般の人の誤った理解に対して、俗説であり誤っているといわねばならない状態にまで追い込まれていきます（柴田博ほか編、一九八五年、『間違いだらけの老人像：俗説とその科学』川島書店）。それでもなお、痴呆症（認知症）の恐ろしさと、その介護の大変さは、まず何よりもその恐怖という形で共有されていったのです。

（3）老いの忌避と高齢者福祉への過剰投資

『恍惚の人』に代表される「こわれゆく老人」像は、多くの人々に年をとることへの恐怖を植えつけました。実際、『恍惚の人』が出版されて数か月後には次のような記事が掲載されています。

有吉佐和子さんの小説「恍惚の人」には、老人性痴ほう症のために、まったく〝こわれてしまった〟老人の姿がなまなましく描かれている。年をとるのはしかたないとしても、ああはなりたくないというのが、小説を読んだ人みんなの思いだろう。その直接の影響かどうか、各地にある〝ぽっくりさん〟という名のお寺へのお参りが、最近、急にふえた。よくお参りをしておけば、死ぬときは長わずらいをせず、息子や娘に世話をかけずに、ぽっくり死ねるというのである。（略）働きざかりのぽっくり病は、本人にとってはもちろんだが、家族にとっても悲劇だ。だが、老人は、むしろぽっくり死ねることを願う。生きていることが、地獄なのだ。このぽっくりさん信仰は、福祉の貧しさ、老人のぎりぎりの抗議でもある。

（『朝日新聞』一九七二年十一月四日夕刊一面）

病をえずに「ぽっくり死ぬ」ことを求める思いにこたえるかのように、「ポックリ寺」や「ぽっくり地蔵」、あるいはぴんぴん生きてころりと死にたいという言葉から「ぴんころ地蔵」や

「ぴんぴんころり地蔵」などが日本各地に建立されており、今も多くの参拝客を集めています。それでは、この「ぽっくり死ぬこと」が理想であるということはいかなる意味をもつのでしょうか。

これは、老いることを拒否し、あるいは老いることの意味を覆い隠そうとする態度にほかなりません。つまり、老いるという経験を自分や周囲の人、そして社会といかにつくりあげていくかという営みを放棄して、今の生活のみを維持しようとする態度といえるでしょう。しかし、現実にはわたしたちは否応なく老い、また、実際には望み通りのタイミングで亡くなることは難しいことがわかっています（鈴木隆雄、二〇一二、『超高齢社会の基礎知識』講談社）。有吉がみせつけた「こわれゆく老人」像は、この現実からの逃避を駆りたてるものでした。

そして、老いるという恐怖に呼応するかのように増大していったものがあります。それは社会保障に占める高齢者関連の支出です。図5にその比率の推移を示しました。一九七四年には三割弱しか占めていなかった比率が、一九八四年に五割を超え、現在では現在では三分の二以上を占めるまでに拡大しています。これは、第一の要因としては人口高齢化が、第二の要因としては三世代同居が多かった日本でも次第に核家族が進展するなかで、家族による介護が次第に難しくなるために必然的に増大したことによる伸びと考えられます。

しかし、一九八四年の高齢化率（六五歳以上の人口構成比）は一〇パーセント弱でした。したがって、明らかに社会保障支出に占める高齢者関連の給付費の比率が、他世代に比べてバランスを

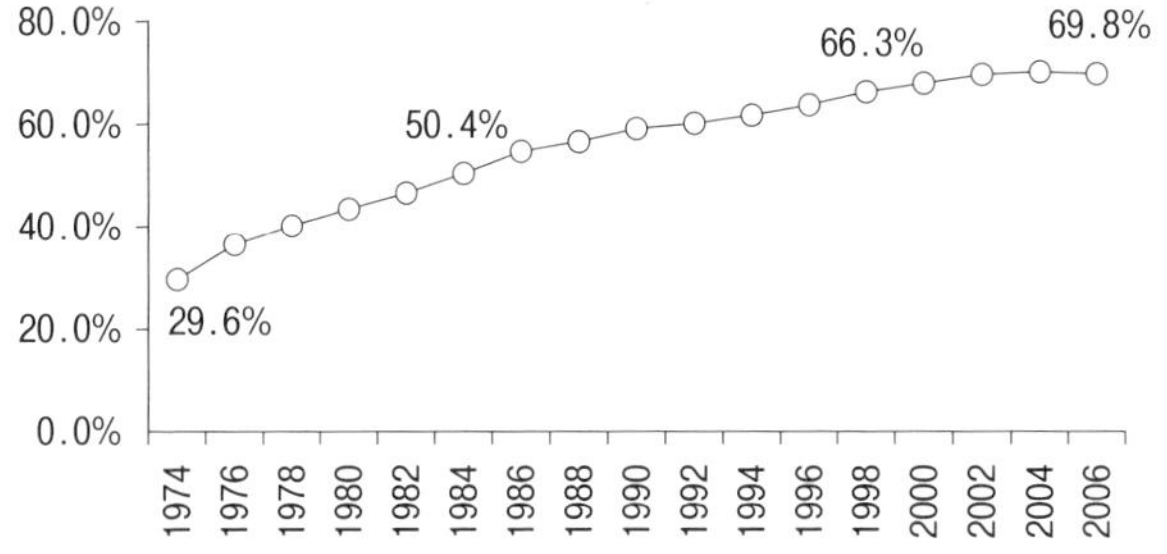

出典：国立社会保障・人口問題研究所、2009、「社会保障給付費」(平成19年度) より作成

図５　社会保障給付費に占める高齢者関係給付費の割合の推移(1974～2006年)

欠いていることがわかります。この間に、一九八九年のゴールドプランに代表される、さまざまな高齢者施策がつくられ、実施されていきます。これは、老いの忌避と高齢の人の保護との狭間において、高齢問題を世代間バランスの視点を欠いて重視してゆく一九七〇年代以降の日本の姿を示しています。

4　まとめ

この章では、高齢者像の変遷について高度経済成長期である一九五〇年代から一九七〇年代を中心に説明してきました。その結果、大きく二つの高齢者像があきらかとなりました。

①　一九五〇年代から六〇年代における、敬うと同時に保護する対象としての高齢者像でした。日本における敬老の日という形で可視化され

ます。しかし同時に、敬うだけでなく、弱者として保護するべき対象ともみなされてゆきます。敬うとともに、自分たちとは異なる存在として扱うという方法が、定年制や社会保障制度が一般化してゆく高度経済成長期前後に、つくられていきます。

② 一九七〇年代における、敬うとはまったく反対の、忌避すべき高齢者像でした。『恍惚の人』の茂造に象徴される「こわれゆく老人」像は、当時はまだ四十代であった有吉が、高齢の人ではない立場から、自らの将来をマイナスのイメージをもって投影したものだったと考えることができます。しかしこの像は、広く共有され、老いは忌避するべきものという考えをつくりあげていったのです。

このように、敬いつつも弱者として扱い、そしてときに忌避するというあり方が、日本の高度経済成長期前後につくりあげられた高齢者像の帰結でした。欧米先進国に比べると、敬老の文化による高齢の人への敬いが強く残っている点に、日本の特徴があるかもしれません。しかし欧米先進国と同様に、高齢の人を弱者とする年齢差別（エイジズム）や老いへの忌避は共通しているともいえます。

そして、もっとも重要な点は、この議論の中に、実際に老いていく人々の声がほとんど反映されていないということです。それは、敬うにしても、忌避するにしても、つねに「向こう側の世界の住人」として高齢の人は語られ、意味づけられてきたのです。経済成長が進み、雇用労働が工業やサービス産業が中心となり、家族も次第に小規模化、核家族化が進んでいくなかで、定年退職した高齢の人は周辺化されてゆきます。

そして、その人々自身の経験ではなく、「こちら側」から見た「向こう側」の経験が、現在の高齢者像を形づくっているということを意味します。この意味で、つねに高齢者像を語る言葉は、実際に人々が体験する老いに先駆けるものであったといえます。私たちは、老いという経験を語る言葉を十分には持ってこなかったのです。

それでは私たちはどうすればよいのでしょう。敬いつつも忌避する老いというあり方を、ただ批判するだけでは、老いを語ることの難しさという問題は解決しないでしょう。それは、図1で示した記事にあるように、老人を高齢者とよびかえることで、あたかも老いについてではなく、年齢のみを扱っているのだというような錯覚に陥ること同じです。

老いをただ肯定するのでも、ただ忌避するのでもなく、向こう側とこちら側の境界を脱臼《だっきゅう》させるような営み、たとえばそれは、認知症の人の「問題」行動を、問題行動とみなさずごく普通の私たちの行為と同じ地平にある行為とみなすような新しい営みが今求められているのでしょう。この営みこそが、新しい敬老の形かもしれません。

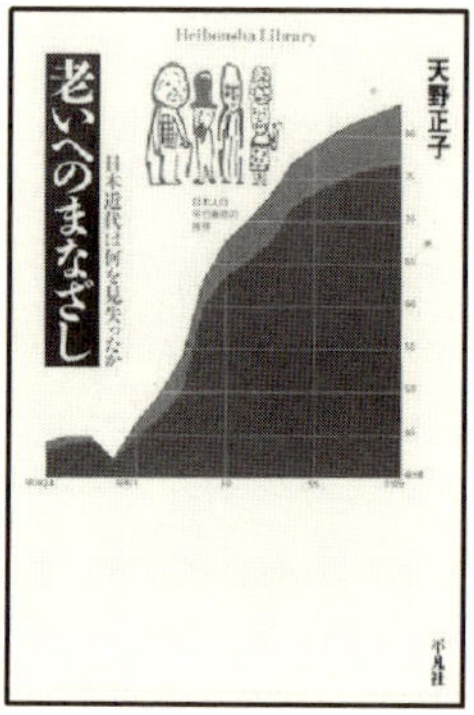

人はだれでも年をとり、衰えます。近代社会では老年になることを否定し、またときに肯定するのですが、その両立を行うことはありませんでした。天野正子『老いへのまなざし：日本近代は何を見失ったのか』（二〇〇六、平凡社）では、日本の近代における老いのとらえ方の変化について、さまざまな資料（民話や文学作品、政策など）をもちいて明らかにしています。

本章で紹介した有吉佐和子『恍惚の人』（一九七二、新潮社）や佐江衆一『黄落』（一九九五、新潮社）は、いずれも優れた文学作品であり、高齢介護の困難さを文学の視点から描き出しています。

最後に触れた新しい営みの事例としては、浦河べてるの家『べてるの家の「非」援助論：そのままでいいと思えるための25章』（二〇〇二、医学書院）が参考になります。

第六章　なでしこジャパン

――ピッチの外に何がみえるのか　社会学アプローチ――

稲葉佳奈子

1　イントロダクション

二〇一一年七月、国際サッカー連盟（FIFA）女子ワールドカップドイツ大会において、日本代表はPK戦の末アメリカ代表に勝利し、世界の頂点に立ちました。ワールドカップでの優勝は、日本サッカー史上初の快挙です。

多くの新聞やテレビで取りあげられたのはもちろん、普段は男子サッカーを中心にとりあげるスポーツ雑誌も、こぞって女子代表の特集記事を掲載しました（図1）。そして同年、「確かなチームワークと最後まであきらめない精神力で、我が国のサッカー競技の歴史において初めて世界一に輝く偉業を成し遂げた」（朝日新聞、二〇一一年八月一九日）ことに対し、チームに国民栄誉賞が授与されたのも記憶に新しいところでしょう。

図1　多くのメディアで取りあげられたなでしこジャパン
©ZUMA Press/amanaimages

サッカー女子日本代表チームは「なでしこジャパン」の愛称で親しまれています。この愛称は二〇〇四年、アテネオリンピックへの出場が決まったことを機に、女子代表チームのより広い認知をめざす日本サッカー協会が、一般公募をおこなった結果選ばれたものです。それから七年後のワールドカップでの優勝、翌年のロンドンオリンピックでの準優勝を経て、なでしこジャパンの存在はその名とともにサッカーファンだけではなく多くの国民に知られるようになりました。

このように人気と実力を兼ね備えたなでしこジャパンですが、選手たちは普段どのような環境でサッカーをしているのでしょうか。ドイツ大会後になでしこジャパンを知るようになった人は、男子の日本代表やJリーガーからのイメージに加えて「ワールドカップ優勝」「国民栄誉賞」という華々しい経歴から、彼女たちを「プロサッカー選手」としてとらえ、最先端のスポーツ施設で一日中サッカーの練習に励み試合に出場する、そしてその報酬のみで選手生活を送っていると想像するかもしれません。

しかし実際のところ、なでしこジャパンはなでしこリーグ所属クラブの選手を中心に構成されており、サッカーを「職業」とはしない「アマチュア」が主流です。つまり、日本代表選手のほとんどが、会社の事務職や営業職など、「サッカー選手」ではない職業に就いて生計を立て、仕事の合間をぬうように競技生活を送っているわけです。その点では、女子サッカー選手は恵まれているとはいいがたい環境でプレイしていることになるでしょう。

日本の女性スポーツの歴史をふりかえると、オリンピックなどの国際大会で活躍するトップアスリートの主流は、なでしこジャパンと同様にいわゆるアマチュア選手でした。ただし同じアマチュアといっても、競技の環境や選手たちをとりまく社会状況は黎明《れいめい》期から現在に至るまで大きく変化しています。

では、それはどのような点における変化なのでしょうか。また、変化の内容をふまえたとき、なでしこジャパンにはどのような文化的特質が見いだせるのでしょうか。サッカー場という「ピッチの中」だけでなく、「ピッチの外」に目を向けたら、なにがみえてくるでしょうか。そうした問いについて本章では、日本を代表する女性アスリートをめぐる歴史的事例と二〇一〇年代女子サッカー界との比較から、社会学的に考えることにしましょう。

2 「なでしこ」までの女子アスリート

(1) 一九二〇年代：人見絹枝《ひとみきぬえ》と女学生文化としてのスポーツ

大正末期から昭和初期にかけて、日本では中等教育機関において「女子運動」すなわち女性スポーツへの関心が高まり、陸上競技や水泳、テニスなどの選手権大会やトーナメントが開催されるようになりました。それにしたがい、若い女性対象の雑誌を中心とするメディアでは、女性アスリートが好ましい存在としてとりあげられます。

なかでも、アスリートとして突出したキャリアをもっていた陸上競技選手の人見絹枝（一九〇七～一九三一年）は、つねに世間の注目を集めました。人見は一九二八年のアムステルダムオリンピックで日本女子選手として初の参加を果たし、同大会の女子八〇〇メートル走では、二分一七秒六の世界タイ記録で銀メダルを獲得。その後も国内外の競技会で多くの結果を残した、日本の女性アスリートの先駆けといえる人物です。雑誌の女性スポーツ特集（図2）には、「世界記録を沢山」打ち立て「世界のスポーツ界に日本女性の気を吐く」人見がメダルやカップとともに写真で掲載されており、その存在の大きさがうかがえます。

たしかに、女性が運動することは「男性化」につながるとして学校の体育導入すら否定された明治期に比べれば、女性スポーツをめぐるこうした状況は、大きな前進といえました。しかし、

図２　『婦人倶楽部』1928年９月号「女子スポーツ大画報」より

自身がアスリートとして先頭に立ちながら後輩の指導にもあたり、さらには新聞社の運動部記者としての肩書をもっていた人見は、大正期から昭和初期にかけての日本女性スポーツ界について次のように書き残しています。

……日本の女子運動界も過去に通つて来た道があまりにも苦るしかつただけに恵まれて来るのも早やかつた。そして前途洋々として大いに楽観して見るべきであらうと思ふが決してそうではない……女子競技に於ては全々女学生のみの行ふものとなつて居る。学窓を出て社会の一員となつた人家庭の人、職業婦人、そうした人にはスポーツの意義も、効果も何等認められてい

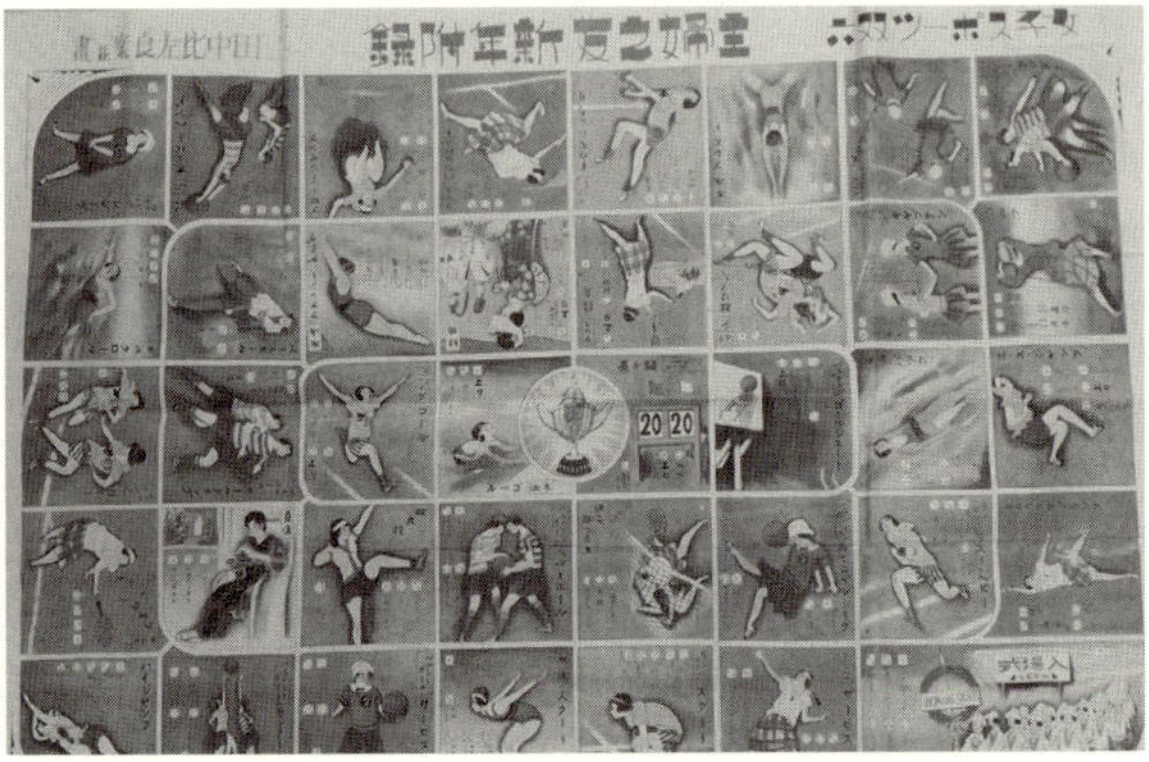

図３　『主婦之友』1925年１月号付録「女子スポーツ双六」

ない現状にある。

（人見絹枝、一九三一（復刻二〇〇〇）、『女子スポーツを語る』ゆまに書房）

ここから、日本では女性による競技スポーツは「女学生のみ」がおこなうものとされ、学校を卒業して社会に出れば競技からの引退を余儀なくされること、スポーツが「女学校のお嬢さん」の文化としてのみ認識されていたことを、人見が問題視していたのがわかります。

実際に、人見と並んで陸上競技で活躍し人気のあった双子姉妹の寺《てら》尾《お》正《きみ》（一九一一年〜）と文《ふみ》（一九一一〜一九九七年）は、アスリートとしてピークの時期に女学校を卒業し、競技生活から退き家庭に入ります。一方、新聞記者とアスリートの両立を果たし、なおかつ未婚であった人見は当時の女性として例外的な存在であり、それゆえ奇異の目で見られることもありました

（詳しくは笹尾佳代、二〇〇九、「変奏される〈身体〉」疋田雅昭・日高佳紀・日比嘉高編著『スポーツする文学：一九二〇－一九三〇年代の文化詩学』青弓社）。

女性スポーツをモチーフとした一九二五年の双六では（図3）、ほとんどのマスにサイコロの目次第で「結婚」マスに直行させる選択肢が含まれ、「結婚」マスには「新世帯が忙しゅうてスポーツなんぞして居られない」ため「脱退」といった記述がみられます。それほどまでに、十代半ばの女学生アスリートにとって結婚およびそれに付随する競技からの引退は、当たり前のようにすぐそこに控える進路であったのだと考えられるでしょう。

人見がライバルと認めた、あるいはアスリートとしての才能を見込んだ後輩は少なからず存在したにもかかわらず、この時期に人見に並ぶ競技成績を残す選手はあらわれませんでした。そこには女性スポーツが「女学生文化」でしかなかったがゆえの、各選手のスポーツキャリアの短さが関係しているのかもしれません。アムステルダムオリンピックにおける銀メダル以降、日本の女性による陸上競技のメダル獲得は、一九九二年のバルセロナオリンピックまで待たなくてはなりません。

(2) 一九六〇年代：「東洋の魔女」と企業スポーツ

戦後の日本で、なでしこジャパンと同じくチームにニックネームが与えられ、オリンピックという大舞台で日本中の期待を背負うなか金メダルを獲得したのが、「東洋の魔女」として知られる女子バレーボール日本代表チームです。大松博文監督が率いるこのチームがソ連と対戦した決勝戦は、テレビ視聴率がＮＨＫ総合だけで六六パーセントを超えました。

ソ連（現在のロシア）選手のオーバーネットによって日本の優勝が決まった瞬間の映像は、一九六四年の東京オリンピックを振り返る際に今でもくりかえし用いられるため、当時を直接知らない人々のなかでも感動的な「記憶」として共有されているのではないでしょうか。ここでは、大松の著書における彼自身の回顧をもとに、一九六〇年代の女性アスリートとしての「東洋の魔女」がどのような環境でバレーボールをしていたのかをみていきましょう。

ワールドカップでの優勝により一気に認知度が上がった女子サッカーとは異なり、女子バレーボールの日本代表は東京オリンピック前々年の世界選手権でソ連を破って優勝するなど、国際大会でもすでに結果を残しており、オリンピックでは当然金メダルをとると期待されていました。「東洋の魔女」というニックネームは、さらにさかのぼって一九六一年のヨーロッパ遠征で日本代表チームが見せつけた圧倒的な強さに対して、現地のメディアが付けたものでした。

人見絹枝や女学生アスリートが活動した時代から約三〇年を経て、バレーボール選手を含む女性トップアスリートの競技環境は、女学校から職場に移ります。たしかに「東洋の魔女」は、国家の代表として国際試合に出場するナショナルチームでした。と同時に、大阪府貝塚《かいづか》市にある、大日本紡績（日紡）という一企業の貝塚工場の従業員によって構成された「日紡貝塚チーム」でもありました。もともとレクリエーションとしてのバレーボールしかおこなわれていなかった貝塚工場を基盤として、強いチームをつくるという日紡本社の方針が打ち出され、一九五三年に貝塚工場勤務となった大松は一からのチームづくりを任されます。そしてチーム発足後のある日、日紡の社長から次のような激励を受けるのです。

日本の紡績界でも、日紡のバレーが強いということが世間の人に知れ渡れば、世間では、日紡は社運も隆盛だと感じる……だから大松クン、やるからには、日紡貝塚を日本一にしてくれ。

（大松博文、一九六三、『〃東洋の魔女〃の五年間』自由国民社）

また、選手と同じ寮で生活する貝塚工場の女性従業員たちは、チーム発足当初こそ大松の方針を「やりすぎだ」として非難の声を上げていたものの、次第にチームを応援しチームの活躍を励みにするようになったことがつぎの記述からわかります。

貝塚工場のふんいきはまったく変わってきました。単にバレー部がバレーをいっしょうけんめいやっている、というだけの役割にとどまらなくなったのです。……〃バレー部を見習え〃は、工場全体の書かれざる標語となった感がありました。……自分のへやにはバレーの選手がいる、彼女は自分たちのところのスターだ、という一種の誇りで、寮生たちは本気で選手のめんどうをみてくれるのです。

（大松博文、一九六四、『おれについてこい！』講談社）

ある企業に競技スポーツの選手が従業員として採用され、企業が提供する施設やスタッフのもとでトレーニングを重ねる。対外試合では企業の名を背負って戦いながらも、報酬はスポーツとは関係のない従業員としての職務に対してのみ。企業は所有するチームを看板として自らの「強さ」を世間に知らしめるべく、チームを全面的にバックアップすると同時に、結果を求める。同僚たちは、選手の頑張りをみて職場の一体感と勤労意欲を向上させる。このような、当時の国内アマチュアスポーツ界の土台となった企業スポーツの特徴が、日紡貝塚チームにはそのままみてとれるのです。

(3) おれについてこい!

高校や日紡の他工場へのスカウトを通じて集まった選手たちは、貝塚工場に勤務しながらの競技生活を送ることとなります。寮から職場へ通って朝八時から午後四時半まで事務系の仕事、終業後は会社が建てたバレーボール専門の体育館で深夜十二時過ぎまで練習をするという、仕事以外はバレーボール漬けの毎日。以下にあるように、時には練習が翌日の朝まで続いたこともあったようです。

いつだったか、練習も仕上げの段階に来て、朝の五時まで練習をつづけたことがあった。……このとき、私からきつい球をボンボン身体にぶつけられて、朝まで必死になってレシー

図4　『アサヒグラフ』1964年11月増刊号より

ブの練習をしている選手たちは、もはや自身にうち勝っているのだろうと嬉しくなって練習をつづけたものだった。

（大松博文、一九六三、『〝東洋の魔女〟の五年間』自由国民社）

スポーツや選手育成に関する大松の考え方、そして彼の指導に耐えて結果を出した「東洋の魔女」の姿は、「根性」という言葉で語られ、称賛されました。猛練習ぶりから「鬼の大松」の異名をとった大松のベストセラー著書『おれについてこい！』には「血みどろの回転レシーブ」「精神力、敵の実力を圧倒」「病気も練習でなおす」といった、まさに「スポ根」を地でいくような見出しが並びます。

そして図4の記事において、オリンピックで優勝したことは「魔女がただの女にもどった瞬間」と表現されました。バレーボールにすべてを捧げ、苦しみに耐え抜いた末に栄光を勝ち取るというアスリート像が、多くの人に共有されていたのでしょう。

オリンピックが終わり、「ただの女」とみなされた選手たちが直面したのは、自身の「結婚問題」でした。

私としても、大事な年頃の娘さんたちをたくさんお預りしているので、この問題にはとくに神経をつかっている。……一昨年までの私は、「世界選手権で世界一になるまでは、なんとか娘さんにバレーをつづけさせてあげてください」と、そろそろ結婚適齢期の選手を前にして親御さんにお願いしてまわるのがおおきな仕事だった。

（大松博文、一九六三、『〝東洋の魔女〟の五年間』自由国民社）

すでに大松は、一九六二年、世界選手権を目指すチームを指導する合間をぬって選手の家庭を訪問してまわっていたといいます。そこでは「結婚と競技の両立はありえない」という、選手の家族や大松ばかりか選手自身が抱いていたあらかじめの認識のもとで、世界選手権あるいはオリンピックまで競技を続けるか、それとも引退して結婚するかということが話し合われたのでした。つまり、女性アスリートにとって結婚という問題は自身の人生から切り離せないものであり、アスリートであることは結婚のさまたげでもあったのです。この点については、人見絹枝が嘆いた状況からあまり社会的に変化していないとみることができるでしょう。

3 「なでしこ」をとりまく環境

(1) 女子サッカー振興ミッション

ではここから、ふたたび現在の女子サッカーに目を向けましょう。なでしこジャパンは二〇一一年のワールドカップ優勝以降、多くの注目と期待を集めています。それを「日本女子サッカー界の発展」ととらえるならば、いままさに発展を持続させるためのシステム構築のただなかにあるといえます。その一部をあげてみましょう(日本サッカー協会ウェブページ)。

日本サッカー協会(JFA)は、国際大会での活躍が期待される選手を「なでしこ海外強化指定選手」とし、欧米のリーグへの移籍を支援しています。また、なでしこジャパンの将来を担う選手の発掘・育成施策として、トレーニングキャンプや海外遠征をおこなう「エリートプログラム」や、ゴールキーパーに特化した「スーパー少女プロジェクト」が実施されています。さらに、各種プロジェクトの中核をなす「ナショナルトレーニングセンター制度」(トレセン制度)の女子サッカー版が、二〇〇五年になって本格的に整備されました(図5)。この制度は、今後のなでしこジャパン強化施策の基盤となることが想定されています。

また、強化・育成のためのシステム構築と並ぶ施策として特筆すべきなのが、二〇〇八年に導入が決定された「なでしこジャパン育児サポート制度」です。合宿・遠征に選手の子どもとベビーシッターを帯同させる費用を日本サッカー協会が負担するというもので、「結婚や出産が競技を続ける上での壁ではなくなっていく」(朝日新聞、二〇〇八年一月一九日、朝刊)ことが期待されています。制度が運用されるなかで問題が浮上する可能性はありますが、この制度ができたことから、少なくとも女性アスリートにとって結婚や出産が引退を意味するわけではないという認識が確認できます。それは大正末期や一九六〇年代からの大きな変化であるといえるでしょう。

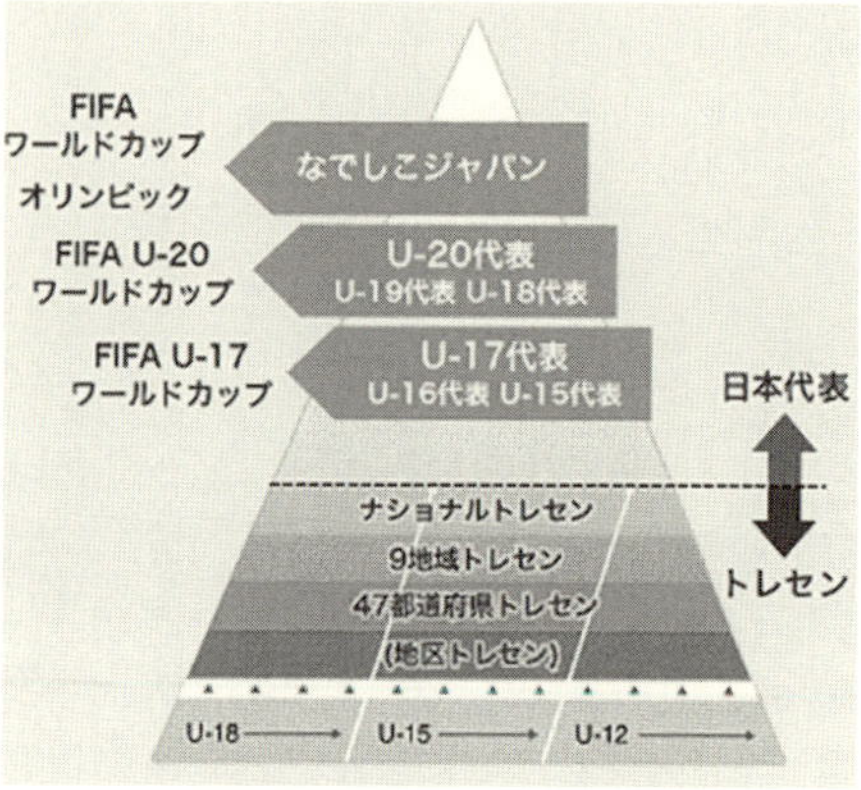

図5　女子トレセン制度
(日本サッカー協会ウェブページより)

　かつて、結婚や出産を経て競技に復帰する欧米の陸上選手たちの様子をまのあたりにした人見絹枝は、「我国の女子アスレチックスポーツも……時代の推移と世間の人々の理解と若き女性の目覚によって一刻も早く海外の女性と同じレベルにまで達したいものである」と書き残しました。彼女が願った時代が、ようやくやってきたのかもしれません。

　協会による女子サッカーへの組織的サポートは、二〇〇二年に公表された「キャプテンズ・ミッション」に端を発します。重点的施策として日本サッカー協会が掲げた九つのミッションに、「女子サッカーの活性化」が含まれていました。のちのミッション追加・改定を経て、二〇五〇年までの長期目標として打ち出された「ＪＦＡ２００５年宣言」や「プレジデンツ・ミッション」においても女子サッカーは協会の重点的施策の対象とされ、競技人口拡大およびそれを通じた強化・発展をめざす活動は、こんにちまで継続しています。加えて、「２０１５年に女子のプレイヤーを三十万人にする」、「２０１５年のＦＩＦＡ女子ワールドカップで優勝する」などの具体的な目標が「なでしこビジョン」という名称のもと新たに示されました。

こうした流れのなかに、なでしこジャパンの活動は位置づけられます。ただし、協会のさまざまなサポートがなでしこジャパンのこれまでの競技成績に具体的にどう関わっているのか、これから先の活躍にどう結びつくのか、それについては別の分析を待たねばなりません。ここでは、なでしこジャパンという女子代表チームの運営が、「明示された目標のもとで計画・推進される組織的かつ長期的な事業の一部である」ということを、ポイントとして理解しておきましょう。

(2) なでしこリーグ所属クラブの現状

日本サッカー協会による女子サッカー発展施策が進められる一方で、なでしこジャパンの多くのメンバーの所属先である、なでしこリーグはどのような状況にあるのでしょうか。まず、リーグの概要について確認しておきましょう。国内女子サッカーのトップリーグである日本女子サッカーリーグは、現在二部構成がとられています。一部に相当するのがなでしこリーグです。二〇一四年なでしこリーグでは一〇チームによるレギュラーシリーズ全一八節がおこなわれました。

日本女子サッカーリーグの第一回大会は一九八九年、女子サッカーが正式種目となったアジア大会を直後に控えて開催されました。一九九三年のJリーグ発足によるサッカー人気の後押しや一九九六年アトランタオリンピックをきっかけに、女子サッカー人気は一時的な高まりをみせます。ところが、バブル崩壊後の長期的な不況の影響から、チームを所有していた企業やスポンサーが女子サッカーから手を引くようになりました。その結果、代表選手を抱えた強豪を含む数々のチームが廃部を余儀なくされるなど、女子サッカー界は大きな危機を迎えたのでした。その後、さまざまなリーグ改革および所属チームの入れ替わりや経営改革を経て、日本女子サッカーリーグの運営は存続しています。

現在でも、リーグや所属クラブは経済的に余裕がある状態とはいえません。選手のほとんどはアマチュアであるため、競技を続けるためにはそれなりの対策が必要となります。「東洋の魔女」とは異なり、なでしこリーグ所属クラブのように複数のスポンサーからの出資および各種サポートによって運営が維持される状況下では、すべての選手の生活をクラブが支えることはできません。そのため近年では、外部の職場で仕事をして報酬を得ながらサッカーができるような環境を、クラブが整備する試みがみられるようになりました。そうした動向の一部として、ここでは二つのクラブの事例をみていきましょう。以下は、クラブによるリクルート活動を競技環境整備の一環とみなし、その実態を明らかにするためにクラブの運営スタッフを対象としたインタビュー調査をおこなった結果です。

Aクラブの事例

――Aクラブにおける勤務形態の内訳は、どのようなものですか

「現在Aクラブの選手二七名のうち学生は一〇名、残りは外部で職に就いています。勤務先や雇用形態別でいうと、〝アスリート採用枠〟を活用した地元スポンサー企業への勤務、クラブによる雇用、クラブが斡旋する企業への週五日のフルタイム勤務という分類になります。仕事の内容は様々ですが、事務や営業関連が多いですね。基本的に大人とのコミュニケーションに長けている選手が多く、現在まではおおむね評判もよいようです」

――「アスリート採用枠」は他の雇用形態とどのように違うのでしょうか

「採用された選手は、勤務時間が他の雇用形態より基本的に短く融通が利きます。そのため比較的サッカー中心のスケジューリングが可能であり、恵まれた状況にあるといえるでしょう。朝から夕方までの勤務が基本となる雇用形態だと、試合などで日中の仕事ができなかった場合、試合が終わってから職場に駆けつけるということも想定されます。仕事による疲労がプレイに影響する可能性などを考慮すると、プレイヤーとして重要な選手は条件のいい枠で採用される可能性が高いです」

——所属クラブに雇われる場合もありますか

「クラブによる選手雇用は、なでしこリーグの〝雇用助成事業〟の一環。リーグ側が各チームに年間約二〇〇万円を補助し、選手はクラブのスタッフとしてサッカーの普及や営業活動およびそれらにかかわる事務的な仕事をする、というシステムになっています」

——なぜ企業は選手を雇うのでしょうか

「どの雇用形態にせよ、企業は基本的にクラブへの経済的サポート、つまりスポンサー活動の一環として選手を雇用しています。選手が配置される職場は多種多様であり、たとえば試合や練習で怪我をした場合の対応なども職場によって異なります。その他、クラブと社長の間では話が成立しても人事担当まで情報がいきわたらず、雇用先の現場が混乱することもあるなど、なかなか簡単にはいかないこともあります」

——このような形の競技環境整備において、クラブの役割とはなんでしょうか

「企業と選手の間をクラブがコーディネートすることでしょう。選手のスカウティングをおこなう際にはあらかじめ雇用先を用意していますが、このような方向にクラブとして力を入れ始めたのは最近のこと。そのプロセスには、二〇一一年のワールドカップ優勝によって女子サッカーへの注目度が上がったことも関係していると思います。地元スポンサー企業の見方が変わったと感じられます」

Bクラブの事例

――Bクラブにおける勤務形態の内訳は、どうなっていますか

「現在Bクラブの選手二四名のうち学生とプロ契約の選手は六名、残りは職に就いています。勤務先としては、体育協会や地元スポンサー企業のほか、クラブと提携関係にある学校などがあります」

――選手はどのような働き方をしていますか

「どの職場でも平日九時から五時のフルタイム勤務が基本。夕方六時からの練習に間に合わせるためには残業も十分にはできません。時には試合や遠征のため休みをとることもあります。そうした事情を納得したうえで雇ってくれる先を確保するのは、簡単ではありません。スポンサー企業のトップが採用を了承しても、現場がそうした判断を歓迎しているわけではないというケースもあります」

――なぜ企業は選手を雇うのでしょうか

「スポンサー企業による選手雇用は、クラブに対する金銭的サポートと同じような位置づけです」

――このような形の競技環境整備においてクラブの役割とはなんでしょう

「おもにクラブの営業部スタッフが、地元企業などを対象にしたリクルート活動をおこなっています。クラブの中に女子チームをつくった当初から、地方のクラブということもあり、県外か

ら選手を集めるには就職先の確保が必要でした」

――現在のクラブと選手のあり方をどう考えますか

「クラブから選手に対して金銭面での報酬が出せない、という点では恵まれた環境ではなく、選手は外部での仕事とサッカーの両立は大変だと思います。ただ、サッカー以外の社会生活に身をおくことができるという部分は、プラスに考えられるのではないでしょうか。社会との接点でいえば、地域イベントへの参加やサポーター対応もそこに含まれます。こうした社会活動を通じて、選手は自分が〝サッカー選手〟であることを意識しているのではないでしょうか」

――他にクラブとしてどのような選手サポートをしていますか

「引退後のキャリア形成に向けて、クラブとして可能な範囲で協力をしています。たとえば、サッカーの指導者になりたいという希望をもつ選手がいれば、資格取得のために引退前からアクションをおこすことを制限しません。実際、クラブＯＧの三分の一はサッカー関係の職に就いており、そのなかにはユースチームの監督になった者もいます。そのように身近なところで引退後の選択肢を目にすることは、現役の選手にとっていいことだと思います」

以上のインタビューによって明らかになったのは、スポンサー企業によるクラブへのサポートの一形態として、企業が選手を雇用するというパターンがみられるということ、クラブは選手をスカウトする時点であらかじめチーム加入後の就職先を準備し、それをもって選手を勧誘するということです。Ａクラブへのインタビューからは、なでしこリーグによる選手雇用施策が存在し、それを活用しているクラブがあることもわかりました。

一方、スポンサー企業による選手雇用において、企業トップと現場との間に認識の違いや温度差がみられるケースがあるということ、選手はフルタイムの勤務による経済的な安定を得ることで競技生活を維持している反面、フルタイムの勤務が競技生活における心理的・時間的な制約となっている可能性があることが、少なくとも二つのクラブの取り組みに共通した課題としてみられました。

4　まとめ

この章では、なでしこジャパンにみられる女子スポーツの文化的特質を、過去との比較から考えるために、国際舞台で歴史的な成果をあげた女性アスリートの事例として人見絹枝や「東洋の魔女」をとりあげ、おもに彼女たちが競技をおこなう環境の変遷に焦点をあててきました。当事者や関係者による著述やインタビュー調査の結果の検討から明らかになったことを、以下にまとめます。

①　大正末期～昭和初期には、おもに高等女学校の生徒たちの間でスポーツ熱が高まりました。

スポーツする女性がメディアで取りあげられるなど人気を集める一方で、女性スポーツ自体はいくら才能にあふれる選手がいても「女学生文化」としかみなされず、人見絹枝のような例外を除き、卒業により女学生でなくなった選手たちには競技からの引退と結婚が待っていました。

② 一九六〇年代、選手が企業の従業員として働きながら企業が所有するチームに所属してスポーツに励み、試合では企業名を背負って戦いました。そのなかで、日紡貝塚という企業チームと日本代表というナショナルチームが同一化した状態、大松博文という傑出した個人の献身的な取り組み、そして彼のやり方についていく選手たちの「根性」が、「東洋の魔女」という存在をもたらしたといえるでしょう。なお、日本中の期待を背に国際試合を戦い抜く選手たちにもれなく「結婚」がオリンピック後の重大事として控えていたことから、女性アスリートをとりまく社会状況は女学生アスリートに対するそれと変わりなかったことがみてとれます。

③ 「東洋の魔女」と同様に、働きながらサッカーをする二〇一〇年代のなでしこリーグの選手たち。しかしかつての企業チームと異なり、選手はクラブの従業員ではありません。クラブに斡旋された職場で仕事をし、サッカーと無関係な職をもつことの制約をときに受けながら、競技生活を維持しています。このことと併せて、地元スポンサー企業が選手雇用というかたちでクラブをサポートするというよくあるケースを重視するならば、女子サッカー選手を支えているのは地域社会であるとみなすことができるでしょう。

時代	日本を代表する女性アスリート	競技環境からみた文化的特質
1920年代	人見絹枝	・女学校（10代半ば～後半の女性） ・結婚までの期間限定「女学生文化」
1960年代	東洋の魔女	・企業スポーツ ・職場を基盤に固定したナショナルチーム ・監督の固有性が大きく影響
2010年代	なでしこジャパン	・クラブチーム ・地域社会とのつながり ・組織的な強化・育成・普及システムの頂点に位置付く ・結婚・出産との両立可能性

④　また一方で、日本代表チームであるなでしこジャパンの強化は、日本サッカー協会が打ち立てた長期目標にもとづく計画に沿って、後続世代の育成や女子サッカーの普及と並行して組織的に進められようとしています。今後それらの施策がうまく機能し定着するならば、構成メンバーの個性に依拠しすぎることなく、強化・育成・普及を持続させるシステムとなるでしょう。そのように組織的な施策によるシステム化を志向した点に加えて、選手の結婚や出産の可能性を視野に入れた制度設計において「東洋の魔女」とは大きく異なっています。

以上をふまえたうえで、競技の環境という側面からみたときのなでしこジャパンの文化的特質を端的にいうと、それは「地域社会とのつながり」、「組織的システムの一部（頂点）」、「結婚・出産との両立可能性」ということになるのです。

ただし、社会学的アプローチとしてはこれがゴールではありません。スポーツには時代や社会的状況が反映され、また逆にスポーツによって社会が動くこともあります。ですから本章でみてきた人物やチーム、あるいは関連するできごとに興味をもったならば、それらをはじめから「スポーツだけの現象」とするのではなく、女性の生き方や経済構造の変化、地域づくりなど、さまざまな社会的ことがらとクロスさせてみましょう。そうすることで、なでしこジャパンの新たな側面がみられるようになり、考察はさらに深まるはずです。

なでしこジャパンの行く先には、二〇一五年のカナダワールドカップや二〇一六年のリオオリンピックが控えています。読者の皆さんのなかにも、テレビやネット配信などで試合を観るつもりの人がいるでしょう。そのとき、「ピッチ上」のゲーム展開だけではなく「ピッチの外」、つまり選手を取りまく文化的な「背景」にも目を向けてみてください。社会のすがたが、何らかの形でみえてくるかもしれません。

読書案内

「東洋の魔女」のメンバーはどのような選手生活を送り、彼女たちの選手生活は戦後の日本社会においてどのような意味をもっていたのか。新雅史著『「東洋の魔女」論』（二〇一三、イースト・プレス）では、豊富な資料にもとづく社会学的な分析が比較的平易な表現で記述されています。

スポーツを社会とのかかわりから考えるとき、どのような文化的特徴がみえてくるのでしょうか。井上俊・菊幸一編著『よくわかるスポーツ文化論』（二〇一二、ミネルヴァ書房）では、多種多様な事例やテーマが紹介されています。

第七章　恋愛
――愛情か友情か　文学アプローチ――

吉田幹生

1　イントロダクション

一九一四年（大正三年）に発表された夏目漱石の『こゝろ』は、高校国語の教科書に採用されたこともあり、今日の日本社会では最も知られた文学作品の一つと言ってよいでしょう。二〇一四年（平成二六年）には発表一〇〇年目を記念して、『朝日新聞』で再連載されたことも記憶に新しいと思います。この『こゝろ』は「上　先生と私」「中　両親と私」「下　先生と遺書」の三部から構成されていますが、高校の教科書に採録されたのが主に下だったこともあり、遺書という先生の主観的回想を通して描かれる、下のお嬢さんとKと先生との三角関係がよく知られています。ここでも、まずその内容を取り上げることから始めましょう。下の概略は以下のようなものです。

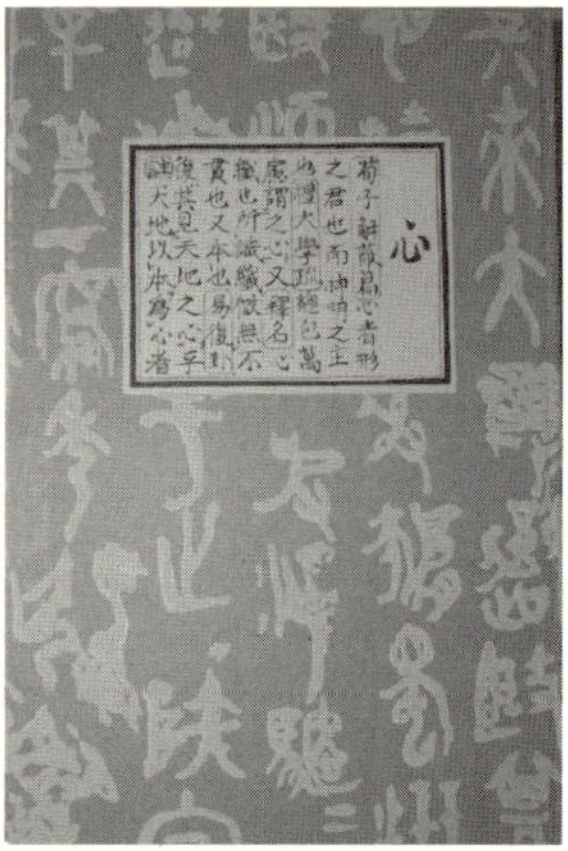

図1　夏目漱石『心』の初版本の表紙（日本近代文学館刊「名著復刻漱石文学館」より）

先生は下宿先のお嬢さんに恋愛感情を抱いていますが、同郷の親友Kが養家を欺いて東京で自分の好きな勉強をすることに賛成した責任感から、このことに激怒した養家からの学資を断たれたKを下宿に同居させることになります。先生は、かつて自分がこの下宿での暮らしに癒された経験から、Kにも同様の効果を期待して奥さんやお嬢さんと親しく接するように仕向けますが、しかしKとお嬢さんが仲よくしているのを見るとつい嫉妬心を抱いてしまいます。悩んだ先生は、いっそ自分の気持ちをKに打ち明けようかとも思うのですが、それも出来ないでいるうちに、反対にKからお嬢さんへの恋心を告げられると、Kの「覚悟」という言葉を誤解して、Kが行動を起こす前にと奥さんにお嬢さんとの結婚を申し出てしまうのです。こうして、先生は結局お嬢さんへの恋心ゆえにKを破滅へと追い込んでしまうのですが、自らの心を見つめる先生は、そこにかつて金を前に豹変した叔父と同じ利己心を見出し、「人間の罪」を意識するようになっていきます。

『こゝろ』については、しばしば愛情と友情との葛藤を描いた作品と評されることがあります。それは間違いとは言い切れませんが、『こゝろ』における漱石の分析は、単なる両者の葛藤という次元を超えて、恋心そのものへと向かっている点を無視してはいけません。作品に即して注意しておきたいのは、先生が愛情か友情かの二者択一に悩んでいるわけではないということです。たとえば、お嬢さんがKに親しく接するのを目の当たりにして苦しむ際には

・それなら何故Kに宅を出て貰はないのかと貴方は聞くでせう。然しさうすれば私がKを無理に引張つて来た主意が立たなくなる丈です。私にはそれが出来ないのです。（下三一）

とありますし、Kに告白される前ですが、先生が奥さんにお嬢さんとの結婚を申し出なかった理由は

・Kの来ないうちは、他の手に乗るのが厭だといふ我慢が私を抑え付けて、一歩も動けないやうにしてゐました。Kの来た後は、もしかすると御嬢さんがKの方に意があるのではなからうかといふ疑念が絶えず私を制するやうになつたのです。果たして御嬢さんが私よりもKに心を傾けてゐるならば、此恋は口へ云ひ出す価値のないものと私は決心してゐたのです。恥を掻かせられるのが辛いなどゝ云ふのとは少し訳が違ます。此方でいくら思つても、向ふが内心他の人に愛の眼を注いでゐるならば、私はそんな女と一所になるのは厭なのです。（下三四）

と記されています。つまり、お嬢さんへの恋心と対立しているのは「私がKを無理に引張つて来た主意」なのであって、それをKへの友情と単純に置き換えることはできません。強いて言うならば、それは先の概略に記した「責任感」という倫理上の問題なのです。またたからこそ、先生の思考には、お嬢さんへの愛情を貫くことでKとの友情が壊れるのではないか、という心配が生じてくることもないのです。「御嬢さんがKの方に意がある」事態は、先生にとって自身の愛情を断念する理由となり得ますが、反対にKがお嬢さんに愛情を抱いている場合は、決してそうはなりません。Kに恋情を打ち明けられた場面を見てみましょう。そこに

・もし相手が御嬢さんでなかつたならば、私は何んなに彼に都合の好い返事を、その渇き切つた顔の上に慈雨の如く注いで遣つたか分りません。私はその位の美しい同情を有つて生れて来た人間と自分ながら信じてゐます。然し其時の私は違つてゐました。（下四〇）

・…精神的に向上心のないものは馬鹿だといふ言葉は、Kに取つて痛いに違いなかつたのです。然し前にも云つた通り、私は此一言で、彼が折角積み上げた過去を蹴散らした積ではありません。却つてそれを今迄通り積み重ねて行かせやうとしたのです。それが道に達しやうが、天に届かうが、私は構ひません。私はたゞKが急に生活の方向を転換して、私の利害と衝突するのを恐れたのです。要するに私の言葉は単なる利己心の発現でした。（下四一）

とあるように、先生はお嬢さんへのKの恋心を断念させようとする方向に向かうのです。この作品で問われているのは、恋心という利己心であり、それが後年先生が「私」に言う「恋は罪悪ですよ」という言葉につながっていくのだと考えられます。

このように、『こゝろ』において漱石は恋心に潜む罪の問題に目を向けているのですが、それは漱石なりに友情か愛情かという問題を突き詰めてきた結果だと思われます。意外に思われるかもしれませんが、恋愛は漱石文学にとってとても大きなテーマの一つでした。『虞美人草』（一九〇七年）や『三四郎』（一九〇八年）など漱石作品の多くは恋愛を重要な主題としています。そして、恋心のありようを鋭く見つめるそのような漱石の存在は、愛情か友情かの二者択一に悩む近代的葛藤の成立を考える上でも、非常に重要な位置を占めていると考えられます。

はたして、日本の恋愛文学史において、右のような葛藤はどのようにして成立したのでしょうか。この章では、一人の女性をめぐって二人の男性が恋をする二男一女型の物語を取り上げながら、日本の文学史を辿り直しつつ、この問題について考えていくことにしたいと思います。

2　古代から中世へ

二男一女型の物語は古く七世紀から認められます。『万葉集』に載る、天智天皇・大海人皇子・額田王の三角関係はよく知られたものでしょうし、『古事記』や『日本書紀』にも同種の物語はいくつか指摘できます。しかし、これらの物語では一方の男が天皇であるために、男同士が友人関係を構成しません。むしろ、天皇がからんでくるだけに、罪や禁忌という主題が浮かび上がってくることになります。たとえば、『古事記』仁徳天皇条に載る、仁徳・速総別王《はやぶさわけ》・女鳥王《めとり》の物語では、仁徳からの求婚の使者として訪れた速総別王に女鳥王が「吾は、汝命の妻と為らむ」（私は、あなた様の妻となりましょう）と告げたために、二人は恋仲になるのですが、そのような関係が社会に許容されるはずがありません。二人の関係はやがて天皇の知るところとなり、逃避行の末やがて天皇の軍勢により殺されてしまいます。このように、天皇の女に手を出した男は死ぬことになるのですが、それは見方を変えて言えば、天皇の女に手を出すことは禁忌であるということにほかなりません。本章では、ここに日本文学史における二男一女型物語の出発点を見定めたいと思います。

平安時代に入って、これを引き継いだのが『伊勢物語』（一〇世紀）です。確かに、『伊勢物語』そのものには、昔男（在原業平）と藤原高子（清和天皇后）が関係を持ったとは書かれていません。また、一七歳という二人の年齢差を考えてみても、二人が男女関係にあったと考えるのは困難です。しかし、「むかし、男ありけり。女のえ得まじかりけるを、年を経てよばひわたりけるを、からうじて盗みいでて、いと暗きに来にけり」（昔、男がいた。手に入れられそうにない女に、何年も求婚し続けていたのだが、やっとのことで盗み出して、とても暗い夜を逃げてきた）と語り出される六段から「むかし、男ありけり。その男、身をえうなきものに思ひなして、京にはあらじ、あづまの方にすむべき国もとめにとてゆきけり」（昔、男がいた。その男は、わが身を無用なものと思いきめて、京にはいるまい、東国の方に居住できる国を求めようと思って出かけて行った）と語り出される九段へと読み進めていく読者は、あたかも高子への思慕の情が抑えきれなくなった業平が一大決心をして高子を盗み出したものの、その失敗が原因となって東国へ下って行ったというような物語を感じとってしまいます。六段は「まだいと若うて、后のただにおはしける時とや」（まだとても若くて、后が普通の身分でいらっしゃった時のこととか）と結ばれていて、高子が入内する前のこととされていますが、後世の読者はここに天皇や藤原氏といった権力者をものともしない恋の英雄としての業平像を作り上げることになったのでしょう。実際、中世に書かれた『源氏物語』の注釈書（花《か》鳥《ちょう》余情《よせい》）には、陽成天皇は業平と高子の間に産まれた子であるという説のあったことが記されています。

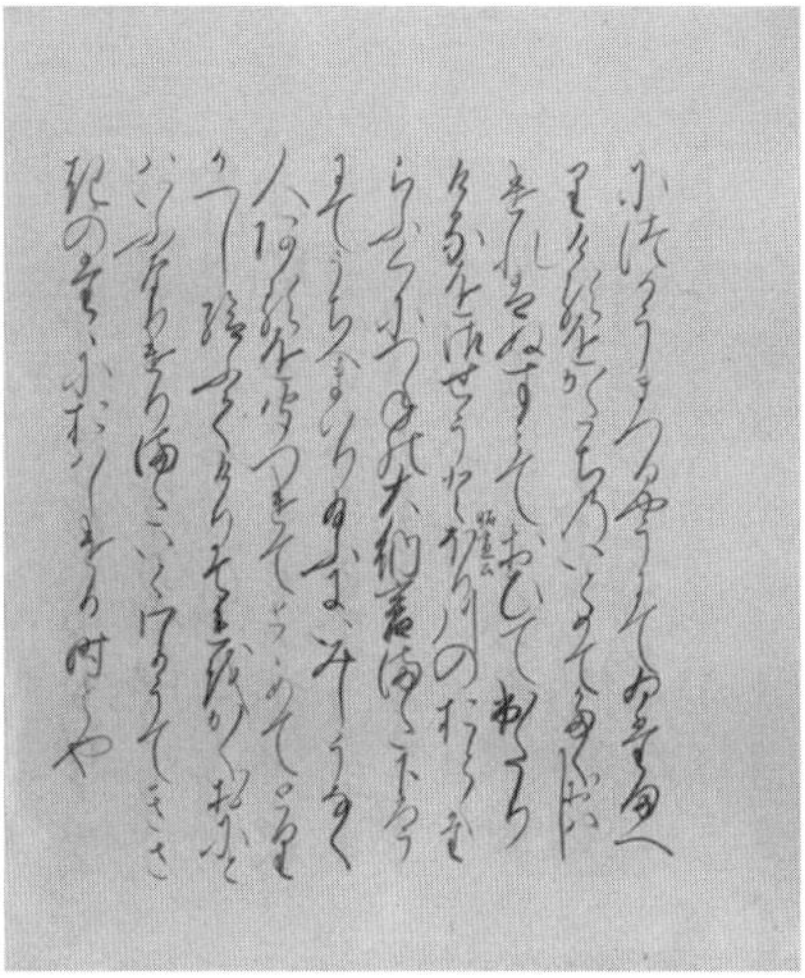

図２　『伊勢物語』六段末尾
（成蹊大学図書館蔵）

　この『伊勢物語』を重要な発想源の一つとして一一世紀初頭に成立した『源氏物語』では、読者の想像力の次元に留まっていたその不義密通が描かれることになりました。それが、桐壺帝・光源氏・藤壺の物語です。光源氏は父桐壺帝に入内してきた藤壺に通じてしまい、あろうことか二人の間には光源氏にそっくりの男の子（後の冷泉帝）まで産まれてしまいます。この密通事件は当事者だけが抱え込まねばならない大きな罪であり、光源氏の須磨流離が藤壺との密通事件を遠因としているように、業平の東下り同様に光源氏もそれなりの苦難を経験することになりました。しかし、物語はそれで終わりません。晩年、准太上天皇として六条院世界を主宰する光源氏は、その正妻女三の宮を若き柏木に寝取られてしまうのです。まさに因果応報と言うべきですが、かつての父桐壺帝と同じ立場に立たされた光源氏は、柏木と女三の宮の密通によって産まれた薫を我が子として抱く羽目に陥ります。よく知られた『源氏物語絵巻』（柏木三）は、この場面を描いたものです。

この密通の構図は、物語の第三部いわゆる宇治十帖でも薫をめぐって繰り返されていきます。しかし、物語もここまでくると、当初孕んでいた罪の意識や禁忌性はずいぶんと希薄化してきます。そもそも宇治十帖の薫・匂宮・浮舟の物語においては、天皇でもない薫の恋人に通じたからといって匂宮が死なねばならないというようなことはありません。むしろ、注意しておきたいのは、そのようにして罪の構造が後退したのと差し替えに、友人の女に手を出す形の二男一女型物語が浮上してきた点です。薫と匂宮は幼馴染の友人同士であり、宮廷社会では「匂ふ兵部卿、薫る中将」と並び称される二人なのでした。つまり、『こゝろ』に通じるような、友人同士が一人の女性をめぐって対峙するという構造が、ここに登場してきたのです。

では、この薫・匂宮・浮舟の物語において、匂宮は、浮舟（愛情）と薫（友情）との間でジレンマを感じたのでしょうか。匂宮は薫に内緒で宇治の浮舟を訪ねるのですが、その道中で「あやしきまで心をあはせつつ率て歩きし人のために、うしろめたきわざにもあるかな」（よくぞそこまでと思うくらい自分に味方して一緒に往来してくれた薫に対して、なんと後ろ暗いことをするものよ）と多少の後ろめたさを感じるものの、実際に浮舟と一夜を過ごすと、その関係にのめり込んでいってしまいます。初めて逢瀬を遂げた翌朝の「すこしも身のことを思ひ憚らむ人の、かかる歩きは思ひたちなむや」（少しでもわが身のことを思って気を使う人間は、こんな忍び歩きを思いつくだろうか）という発言が象徴的ですが、身の破滅も気にしないで恋に身を投じていくという点で、匂宮はまさしく『伊勢物語』の昔男（業平）や光源氏の系譜に連なります。匂宮はこれまでにも好色な人物として描かれてきましたが、浮舟との関係においても、ジレンマに悩むのではなく、むしろ危険をものともせずに恋に没入していく人物として登場してくるのです。

しかし、昔男や光源氏が物語の主人公であったのとは対照的に、宇治十帖は匂宮をめぐっては展開していきません。言い換えるなら、宇治十帖において、匂宮は決して昔男や光源氏のような恋の英雄として描かれているわけではないのです。宇治十帖は薫を中心とする物語であり、そこにおいては、匂宮は友人の女を寝取る好色な男に過ぎないと言うべきでしょう。それゆえ、ここに二男一女型物語の分岐点（第一の転換点）を認めないわけにはいきません。天皇を一方の極とする恋の物語はその後も書かれていきますが、それと同時に、それまでは帝を始めとする権力者と対決し得る恋の英雄として描かれたきた男たちが、物語の中心から外れて主人公の女を寝取る脇役として再生産されていくようにもなっていくのです。友人の女に興味を抱くというのであれば、光源氏・頭中将・末摘花の物語（末摘花巻）など先蹤は指摘できますが、寝取るということを考えるとやはり匂宮の存在が大きいように思われます。

平安後期（一一・一二世紀）の物語において、この匂宮像を引き継いでいるのが『浜松中納言物語』の式部卿宮であり『とりかへばや』の宰相中将です。彼らはそれぞれ「式部卿の宮の、さばかり天の下は、人の国世界までも、すぐれたらむ人を求め出ださむとおぼし、かからぬくまなかめるに」（式部卿宮が、あれほど世の中は、他国までも優れた美人を見つけ出そうとお思いになり、抜け目なくお探しのようなのに）「かからぬ隈なく好ましくなよびなまめかしくて、思ひ至らぬ方なき心にて」（女性に関しては目が届かないところがないほど好色でもの柔らかに優雅で、どんな女性にも興味を持つ性格で）と紹介されているように、ともに好色な人物として登場してきます。そして、式部卿宮は、浜松中納言のもとにいる吉野姫君を盗み出し、宰相中将は中納言（実は女性）の妻四の君と通じてしまうのです。しかし、いずれの場合も、罪の意識はあまり感じていません。むしろ、恋愛にまつわる心理ということで言えば、これらの物語では女性の側に光が当てられていきます。実は、吉野姫君が二十歳になる前に契ると不幸になると言われてたため、浜松中納言は吉野姫君と肉体関係を持っていませんでした。それゆえ、吉野姫君がいなくなると、中納言は「女は、いみじけれど、まことの契りに心より果てて思ふことなれば、われそぞろなりし人と思ひ棄てて、人知れぬ思ひにくだけど」（女というものは、たいしたものではあるが、男に体を許すという真の肉体関係に心奪われ相手を慕うということがあるので、肉体関係を持たなかった自分はどうということのなかった人なのだと思いあきらめて、人知れぬ思いに心砕くけれど）とあるように、女性というものは肉体関係を持った男の方に靡いていくものなのできっと自分は忘れられてしまうだろうと考えているのです。『浜松中納言物語』では、この思いとは反対に、盗み出された姫君は中納言のことを思い続けているという展開になるのですが、『とりかへばや』では、「これこそはまことに深き心ざしなめれと思ひ知られゆく」（宰相中将の愛こそが本当に深い愛情なのだろうとしだいにわかっていく）と、本当に四の君の心が宰相中将に傾いていってしまいます（星山健、二〇〇九、「まことの契り・まことならぬ契り―『今とりかへばや』における『浜松中納言物語』引用―」『国語と国文学』第八六巻第五号）。宇治十帖でも、浮舟は匂宮と通じた際に薫ではなく匂宮に心惹かれていくのですが、平安後期の物語では、そのような女性の心理を掘り下げることに興味関心が向けられていったのでしょう。

このように、新たな展開を見せ始めた二男一女型の物語ですが、中世に入ると次第に先細りになっていくようです。一三世紀に成立した『浅茅が露』には、薫と匂宮を思わせる二位中将と三位中将が登場し、ある姫君をめぐって物語が展開していきます。そこでは、二位中将と関係のあった姫君がある日失踪するものの、後に三位中将によって偶然発見され、屋敷に引き取られることになります。その限りでは二男一女型と言えなくもないのですが、しかし姫君を引き取る三位中将は出家を志向しており、明らかに薫型の造型がなされています。つまり、寝取る男＝好色（匂宮型）という図式が、この物語では反転させられているのです。残念ながら、現存する物語本文は巻末が散逸してしまったために、その後の展開が不明なのですが、他資料から推測されるところによると、この姫君は尚侍として入内しており、おそらく三位中将とこの姫君が肉体関係を持つというようにはなっていかなかったと思われます。このように、主人公の女を好色な脇役が寝取るという展開を持つ物語を中世に見つけることは困難になっていくのです。

それは、二男一女型の本流とも言うべき、一方の男が天皇である場合についても当てはまります。こちらの方は、『あきぎり』『海人の刈藻』『石清水物語』『苔の衣』『しのびね』など多くの物語に見られるのですが、密通が成立するのは『海人の刈藻』『苔の衣』など少数で、通常は女性が入内すると男はその恋を涙ながらに断念するという展開になっていきます。これを「しのびね型」と言いますが、密通を描く『海人の刈藻』や『苔の衣』にしても、作中のいろいろな恋愛模様の一つに密通に至るものがあるということで、他の男女関係では「しのびね型」も描き込まれているのです。もちろん、密通を描く物語が絶えたわけではありません。しかし、一般的な傾向として、中世の物語ではこの「しのびね型」が流行したために、罪や禁忌にかかわる密通の物語は主流となっていかなかったとは言えるでしょう。

本章で注目している、友人の女に手を出す男が登場する物語も、このような同時代の傾向を反映して、ひとまず文学史の表舞台からは姿を消したのだと想像されます。ここに二男一女型物語の第二の転換点を見たいと考えますが、主人公と友人同士でもなくまた男女関係も成立しないという点で、友人の女に手を出す好色な男は、主人公の恋路を邪魔する人物の中に解消されてしまいます。後者の型は、『落窪物語』の典薬助や『狭衣物語』の道成など早く平安時代の物語にも登場していますが、鎌倉時代の物語にも『浅茅が露』の兵衛大夫や『松陰中納言物語』の山の井、あるいは室町時代以降に書かれた物語にも『岩屋の草子』の佐藤忠家や『ささやき竹』の鞍馬寺の僧正などを指摘することができます。これらの系譜の中に、二男一女型の物語も後退していくのだと思われます。

3　近世から近代へ

では、主人公の恋路を邪魔する人物は、近世に入るとどうなるのでしょうか。まずは、一七〇三年（元禄一六年）初演の近松門左衛門『曽根崎心中』を見てみましょう。

知られるように、この作品は平野屋の手代徳兵衛と天満屋の遊女おはつとの心中を描いた作品です。働き者の徳兵衛は、親方の姪との縁談を勧められますが、おはつへの愛情からそれを断ります。すると怒った親方は、郷里の継母に渡した持参金の返還を求めたうえに、大坂追放を言い渡すのです。困った徳兵衛はなんとか郷里から金を持ち帰るものの、こともあろうにその金を騙し取られてしまいます。その相手こそ「兄弟同時の友達」（徳兵衛と兄弟同然の友達）とされている油屋の九平次《くへいじ》なのでした。進退きわまった徳兵衛は、身の潔白を証明するために死を決意することになるのですが、注意しておきたいのは、実際に起きた心中事件に取材した『曽根崎心中』にあって、この九平次は現実には存在しない、言い換えれば、近松が作り上げた架空の人物だと考えられる点です。現実の徳兵衛とおはつが心中を決意するには様々な事情が存在したでしょうが、『曽根崎心中』においては、九平次という敵役が設定されたことにより、それらの複雑な事情が捨象され、徳兵衛の名誉の問題に焦点が絞り込まれていきます。「この徳兵衛が正直の心の底の涼しさは、三日を過さず、大坂中へ申し訳はしてみせう」（この徳兵衛の正直な心の底の潔白は、三日以内に、大坂中へ申し訳をしてみせよう）という通り、徳兵衛は自らの潔白を証明するために死を選びとっていくのです。

確かに、九平次はおはつに横恋慕していたわけではありません。しかし、九平次という敵役登場の背景には、本章に述べてきたような古代以来の物語の型もなにがしか影響していたのではないでしょうか。九平次が天満屋に来て「なんの徳兵衛が死ぬものぞ。もしまた死んだら、その後は、おれがねんごろにしてやらう。そなたもおれに惚れてぢやげな」（なんの徳兵衛が死ぬものか。もしまた死んだら、その後は、俺が馴染み客になってかわいがってやろう。お前も俺に惚れているそうな）と言っているあたりからは、徳兵衛・九平次・おはつという三角関係の雰囲気も伝わってくるように思われます。

また、一八〇八年（文化五年）頃に成立した上田秋成『春雨物語』の中の「宮木が塚」という作品には、遊女宮木と河守十太兵衛の仲を裂く人物として藤太夫が登場します。十太兵衛は名家出身の風流人であり、宮木とも相思相愛の仲。二人は十太兵衛が宮木を身請けするまでは十太兵衛以外の客を取らないと約束していて、遊女屋の主人もそれで納得しています。そこに横恋慕したのが藤太夫です。ある日、花見に出かけた十太兵衛と宮木を見つけた藤太夫は、奸計をめぐらして十太兵衛を幽閉し、その間に宮木に逢いに行きます。しかし、宮木は十太兵衛以外の客を取らないとして断られると、なんと十太兵衛を毒殺し遊女屋の主人も買収してしまうのです。そのため、宮木は抗いきれずに藤太夫と枕を並べてしまうことになるのですが、最後には十太兵衛への思いに殉じて自ら死を選びます。

秋成は、既に『世間妾形気』（一七六七年刊）や『雨月物語』（一七七六年刊）において類似の女性を描いていましたが、この『春雨物語』では、それを二男一女型の物語に従って描き出したということなのでしょう。つまり、この作品でも物語展開の重要な鍵を握るものとして、藤太夫という敵役が設定されたということになります。

この九平次や藤太夫のように、主人公の恋路を邪魔する敵役は、一九世紀に誕生した人情本にもしばしば認められます。恋の三角関係を描くことは、恋愛小説における一つの型と言ってよいのでしょう。そして、この傾向は近代の作品にも引き継がれていくのですが、しかしそこには新たな展開も認められるようです。

一八九五年（明治二八年）に発表された樋口一葉「にごりえ」には、菊の井の酌婦（私娼）お力とその馴染み客源七、そして結城朝之助という新たな恋人役が登場します。また、最後はお力と源七の死を描いて終わるのですから、右に見てきた『曽根崎心中』や「宮木が塚」と同じ構造を持った二男一女型の作品と言うことができるでしょう。しかし、仔細に作品を眺めてみると、両者の違いも見えてきます。源七は確かにお力の馴染み客ではあるのですが、正確に言うとそれは過去の話であり、現在は零落して貧乏長屋で細々と生活をしているにすぎず、とてもお力に通う経済的余裕などありません。妻子持ちで将来の見込みがない源七に対して、結城朝之助は週に二三度通ってくる財産家で妻もなく、お力と同業の女性たちからは「男振はよし気前はよし、今にあの方は出世をなさるに相違ない」(三)と言われる人物です。これまでの物語であれば、財力にものを言わせる結城朝之助が無理矢理二人の仲を裂きお力を自分のものにしようとするものの、お力はそんな結城を避けて源七と心中するという展開になりそうですが、「にごりえ」はそうなりません。

お力は人前でこそ陽気に振る舞っていますが、実はあれこれとものを考えている女性として造型されています。そのお力が結城のことをどう考えているのか、お力の思いが作中に明示されているわけではありませんが、自らの境遇を省みて「これが一生か、一生がこれか、あゝ嫌だ〳〵と道端の立木へ夢中に寄かゝつて暫時《しばらく》そこに立どまれば、渡るにや怕《こわ》し渡らねばと自分の謳《うた》ひし声を其まゝ何処ともなく響いて来るに、仕方がない矢張り私も丸木橋をば渡らずはなるまい」(五)と決意する場面は、やはり結城との結婚を念頭に置いたものと読み解くべきだと思います。結城の力によって現状からの脱出を図っているのであり、にもかかわらず源七とともに死なねばならなかったところにお力の悲劇があるのでしょう。二人の死の真相は謎ですが、「切られたは後袈裟、頬先のかすり疵、頸筋の突疵など色々あれども、たしかに逃げる処を遣られたに相違ない」（八）とされるお力の最期は、お力の気持ちが源七（過去）にではなく結城朝之助（未来）の方に向かっていたことを表しているように思われます。とすれば、この作品は、二男一女型という伝統的な枠組みを利用しながらも、そこに新たな展開の可能性を模索したものと位置付けることができるでしょう。

一八九七年（明治三〇年）から連載が開始された尾崎紅葉『金色夜叉』にも、同じ枠組みを指摘することができます。間寛一は父親が亡くなったために十代の時から鳴沢家に寄寓しており、その家の娘のお宮と結婚することになっていました。しかし、二人の結婚直前にお宮が富豪の富山唯継と結婚することになるというところから物語は開始されます。つまり、間寛一・富山唯継・鳴沢宮の三角関係が物語の発端となっているのです。よく知られた熱海での別れの場面で、寛一はお宮に富山を選んだ理由を問い詰めますが、お宮は「ねえ寛一さん、私も考へた事があるのだから、それは腹も立たうけれど、どうぞ堪忍して、少し辛抱してゐて下さいな。私はお肚《なか》の中には言ひたい事が沢山あるのだけれど、余《あん》り言難《まりにく》い事ばかりだから、口へは出さないけれど、唯一言《ひとこと》いひたいのは、私は貴方の事は忘れはしないわ――私は生涯忘れはしないわ」（前編八）と述べるばかりで本心を明かしません。お宮が何故寛一から富山に走ったのか、作者の死によって未完のまま終わったので作品全体の構造は不明のままですが、本来であれば恋敵であるはずの男と女を結婚させるところから、紅葉は長編小説を構想していったのだとは言えるでしょう。

この頃を二男一女型物語の第三の転換点と見たいのですが、そういう文学史の展開の中で、第一節に述べた夏目漱石も登場してきたのでした。漱石と二男一女型物語というと、『坊っちゃん』（一九〇六年）のうらなり・赤シャツ・マドンナがすぐに思い浮かぶかもしれませんが、この三角関係の問題は漱石の中で次第に大きな主題となっていきました。ここでは『それから』（一九〇九年）を取り上げましょう。

長井代助は、三千代を愛していながら、友人の平岡に譲り二人の結婚を取り持ちました。しかし、三年後に彼らと再会すると、かつての愛情が再燃し、とうとう自らの気持ちを三千代に告白してしまいます。それは夫の平岡や代助の父や兄にも知られることになり、代助は、友人であった平岡からは絶交を言い渡され父からは勘当されてしまうのです。とすれば、『それから』における三角関係においては、代助こそが恋敵の位置に立っていると考えるべきでしょう。つまり、漱石は匂宮以来長い間脇役でしかなかった寝取る側の男に再び光を当て直したということになります（もっとも、この場合は人妻への恋になりますから、業平以来の主人公性を考えることも可能ではありますが）。

では、代助はどういう論理で三千代への恋心を正当化しているのでしょうか。

・「今日始めて自然の昔に帰るんだ」と胸の中で云つた。斯《か》う云い得た時、彼は年頃にない安慰を総身に覚えた。何故もつと早く帰る事が出来なかつたのかと思つた。始めから何故自然に抵抗したのかと思つた。
（一四の七）

ここで代助は三千代への恋心を「自然」と捉えています。それは、平岡に謝罪する場面での

・其時の僕は、今の僕でなかつた。君から話を聞いた時、僕の未来を犠牲にしても、君の望みを叶へるのが、友達の本分だと思つた。それが悪かつた。今位頭が熟してゐれば、まだ考へ様があつたのだが、惜しい事に若かつたものだから、余りに自然を軽蔑し過ぎた。僕はあの時の事を思つては、非常な後悔の念に襲はれてゐる。自分の為ばかりぢやない。実際君の為に後悔してゐる。僕が君に対して真に済まないと思ふのは、今度の事件より寧ろあの時僕がなまじいに遣り遂げた義侠心だ。君、どうぞ勘弁して呉れ。僕はこの通り自然に復讐《かたき》を取られて、君の前に手を突いて詫《あや》まつてゐる。
（一六の九）

という発言にも共通します。かつては、友人への「義侠心」から自らの恋心を封印した代助でしたが、それは「自然」を軽蔑しすぎた結果だったというのです。それゆえ、代助は自らの恋心それじたいについて後悔することはありません。問題なのは、その対象が平岡の妻（人妻）だとい

う点です。それは「僕は世間の掟として、三千代さんの夫たる君に詫まる。然し僕の行為其物に対しては矛盾も何も犯してゐない積だ」（一六の八）という発言に明らかです。

人を好きになるのは「自然」な感情でありそれを咎めることはできない、という『それから』が打ち出した主張は、恋愛文学史において重要です。第二節で述べたように、平安朝の物語において、友人の女に手を出すのは匂宮型の好色な男たちでした。彼らはそういう人物として造型されているのであり、その好色性のしからしむものとして女に手を出すのです。そして、その限りにおいて、それは我々読者とは異質な、彼らの問題でしかありません。しかし、漱石はそこを問いました。代助は決して好色な人物ではありません。代助が三千代との恋に走ったのは、彼が好色だったからではなく、彼が「自然」な感情に従ったからなのです。そして、この感情は、それが「自然」なものである以上、我々読者の中にも存在し得るものです。とすれば、友人の恋人に手を出すか否かというのは、我々の問題にもなってきます。作品の問いかける主題が普遍性を持ってくると言い換えてもかまいません。たとえば、武者小路実篤『友情』（一九一九年）は、野島・大宮・杉子の三角関係を描いた作品ですが、野島を勧める大宮に対して杉子は以下のように説得します。

・大宮さま、あなたは私をおすてになつてはいけません。わたしはあなたの処に帰るのが本当なのです。大宮さま、あなたは私をとるのが一番自然です。友への義理より、自然への義理の方がいゝことは「それから」の代助も云つてゐるではありませんか。どうぞ、私をすてないで下さい。私はあなたのものです、あなたのものです。（下八）

ここで杉子は、代助の判断に従って大宮に自分を選択することを要求しているのですが、そういう要求が可能になるのは、代助の向き合った問題（愛情か友情かの選択）が普遍性を有しているからにほかなりません。

もっとも、漱石自身に即して言えば、恋愛が自然な感情だからといって、これを無条件で肯定していったわけではありません。第一節で『こゝろ』を取り上げたように、恋心を分析した漱石はそれが罪悪だという思いも一方では捨てきれないでいたのです。しかし、敵役であった男に視点を据えて物語を構成し直すことによって、そこに恋心という問題を浮かび上がらせてきたことは、日本の恋愛文学史における漱石の達成であったように思います。

第二節で述べたように、この型の物語は罪や禁忌の問題と不可分に出発していました。それは、一方の男が天皇でなくなったことによって希薄化されはしましたが、完全に解消されたわけではありません。それゆえ、事の是非を問えば、答えは非とならざるを得ない行為でした。そのために、業平的な恋の英雄として描き出すのでない限り、好色という個人の属性に原因を求めるか、あるいは悪意に基づく敵対的行為として描くよりほかなかったのでしょう。しかし、人妻に恋心を抱くことは社会通念としては指弾される事柄だが恋心それじたいは非難されないということになると、これまで非とされていた行為が正当化される可能性が出てきます。先に引用した杉子の手紙が「友への義理」に対して「自然への義理」を対置していたように、恋情を正当化する別の論理がここに浮上してくることになったのです。その結果、愛情と友情との間の板挟みという、相反する二つの価値観の間での葛藤が成立する条件が整ったと考えられます。先に『友情』を挙げましたが、この種の葛藤はこれ以降二〇世紀の小説にはしばしば描かれるようになりますし、小説以外でもたとえば漫画『北斗の拳』（一九八三〜八八年）のケンシロウ・シン・ユリアの三角関係におけるシンの造型なども（シンはケンシロウの友人でしたが、ユリアへの愛ゆえにケンシロウからユリアを奪ったというふうに位置付けられていきます）、この路線の延長線上に誕生して来るものだと思われます。

4　まとめ

以上、一人の女性をめぐって二人の男性が恋をする二男一女型の物語を取り上げながら、日本の恋愛文学史において愛情か友情かで悩む近代的葛藤がどのようにして成立してきたのかを考えてきました。本章で述べたことの要点を繰り返せば、次のようになります。

1　二男一女型の物語は、罪や禁忌の問題と不可分の形で古くから存在していた。それだけに、恋する男は恋の英雄であり得た。

2　しかし、『源氏物語』の匂宮あたりから、恋の英雄像が分化して、主人公の女を寝取る好色な男が登場した。これは、平安後期の物語にも受け継がれていった。

3　ところが、中世に入ると、女を寝取ることが少なくなり、その結果、匂宮型の登場人物は、主人公の恋路を邪魔する人物と区別がつかなくなってきた。

4　近世に入っても、恋路を邪魔する男が登場する物語は書かれ続けていくが、近代（一九世紀後半）に入ると、新しい展開も見られるようになる。

5　その流れの中で、夏目漱石は恋路を邪魔する男に視点を定めて、奪う側の心理を分析した。そして、そこに「自然」な感情としての恋心を発見したことが、愛情か友情かという葛藤を成立させることにつながった。

もっとも、恋心を発見したからといって、恋する男が（あるいは女も）即座に友情よりも愛情を優先するようになったということはありません。そこにはやはり葛藤があり、二つの選択肢の間で苦悩していきます。最後に、この葛藤に苦悩する人間がいったい何を問題にしているのか、言い換えれば、いかなる条件の下に友情より愛情を優先させてよいと考えているのかを、簡単に眺めておくことにしましょう。

近代の文学作品でしばしば取り上げられるのは、相手の気持ちです。相手が自分に好意を寄せている場合、自分も内なる自然な感情に身を委ねてよいという理屈です。第一節で引用した「果たして御嬢さんが私よりもKに心を傾けてゐるならば、此恋は口へ云ひ出す価値のないものと私は決心してゐたのです」という先生の考えは、この理屈を裏返したものとも考えられます。これは分かりやすい理由でしょう。相手の気持ちを無視して自分の感情を押しつけるのは、あまり賛成されることではありません。

それに加えてしばしば問題にされるのが、好きになった前後関係です。『それから』の代助は、平岡に向かって「平岡、僕は君より前から三千代さんを愛してゐたのだよ」（一六の九）と述べていますし、『友情』の大宮も「しかし正直に云へばあの人を好きになつたのは友達より先だつたかも知れない」（下）と考えています。つまり、他の男性よりも先にその女性を好きになっていた場合は、自分の恋心を優先してよいという理屈です。この発想は古典作品にも見られます。苦悩とはほど遠いものの、たとえば『源氏物語』で、伊予介の妻になっている空蝉と関係を持った光源氏は、帚木巻でそれを空蝉の弟小君に「あこは知らじな。その伊予の翁よりは先に見し人ぞ」（そなたは知るまいな。私はその伊予の年寄りより先にあの人と逢っているのだよ）と言っていますし、『浜松中納言物語』で浜松中納言が既に衛門督と結婚することが決まっている大弐女に言い寄った際の理屈も「われこそさきに見馴れしかと思ふに、何のとどこほりもなくおぼえて、ゆかしう思ひ寄りにしを」（私の方こそ先にあなたと睦まじくなったのだと思うと、なんの差し障りもなく思われて、お逢いしたいと思ってやって来ましたが）というものでした（古典文学作品については、三角洋一、一九九六、「『波のしめゆふ』小考」『物語の変貌』若草書房参照）。これは、他人の所有する女性に手を出すという思いが強いだけに、自分の方が先に知っていたのだと言い聞かせることで、内なる罪悪感を抑制しようという思いからでた考え方なのでしょう。

＊本文の引用は、古典作品は新編日本古典文学全集（小学館）に、近代の作品はそれぞれ『樋口一葉全集』（筑摩書房）『紅葉全集』（岩波書店）『漱石全集』（岩波書店）『武者小路實篤全集』（小学館）に拠ったが、表記を改めたところがある。

読書案内

恋愛文学を通史的に扱った本はそんなに多くありません。本章は古代から近代（二〇世紀初頭）までを扱いましたが、それ以降ということでは小谷野敦『恋愛の昭和史』（二〇〇五、文藝春秋）をお勧めします。文春文庫から文庫版も出ています。

執筆者一覧

責任編集

小林　盾（こばやし　じゅん）　はじめに、第二章
成蹊大学文学部現代社会学科教授
経歴　東京大学文学部卒、シカゴ大学社会学研究科博士候補
学位　修士（社会学）
専門　数理・計量社会学
主な著書　『社会調査の応用：量的調査編　社会調査士E・G科目対応』（共編、弘文堂、2012年）
『社会学入門：社会をモデルでよむ』（共編、朝倉書店、2014年）

吉田　幹生（よしだ　みきお）　はじめに、第七章
成蹊大学文学部日本文学科准教授
経歴　東京大学文学部卒、東京大学大学院人文社会系研究科博士課程修了
学位　博士（文学）
専門　日本古代文学
主な著書　『歴史のなかの源氏物語』（共著、思文閣出版、2011年）『日本古代恋愛文学史』（笠間書院、2015年）

執筆者（五十音順）

稲葉　佳奈子（いなば　かなこ）　第六章
成蹊大学文学部現代社会学科専任講師
経歴　筑波大学日本語日本文化学類卒、筑波大学大学院人間総合科学研究科博士課程単位取得退学
学位　博士（学術）
専門　スポーツ社会学
主な著書　『現代スポーツのパースペクティブ』（共著、大修館書店、2006年）『よくわかるスポーツ文化論』（共著、ミネルヴァ書房、2012年）

今田　絵里香（いまだ　えりか）　第四章
成蹊大学文学部現代社会学科専任講師
経歴　京都大学大学院人間・環境学研究科博士後期課程単位取得退学
学位　博士（人間・環境学）
専門　メディア史
主な著書　『「少女」の社会史』（勁草書房、2007年）『セクシュアリティの戦後史』（共編、京都大学学術出版会、2014年）

木谷　眞理子（きたに　まりこ）　第一章
成蹊大学文学部日本文学科教授
経歴　東京大学文学部卒、東京大学大学院人文社会系研究科博士課程単位取得退学
学位　博士（文学）
専門　日本古代文学
主な著書　『別冊太陽　王朝の雅　源氏物語の世界』（共著、平凡社、2006年）『絵のなかの物語：文学者が絵を読むとは』（共著、法政大学出版局、2013年）

平野　多恵（ひらの　たえ）　第三章
成蹊大学文学部日本文学科准教授
経歴　お茶の水女子大学文教育学部卒、東京大学大学院人文社会系研究科博士課程単位取得退学
学位　博士（文学）
専門　日本中世文学
主な著書　『大学生のための文学レッスン　古典編』（共編著、三省堂、2010年）『明恵　和歌と仏教の相克』（笠間書院、2011年）

渡邉　大輔（わたなべ　だいすけ）　第五章
成蹊大学文学部現代社会学科専任講師
経歴　慶應義塾大学総合政策学部卒、慶應義塾大学大学院政策・メディア研究科後期博士課程単位取得退学
学位　博士（政策・メディア）
専門　ライフコースの社会学
主な著書　『ソーシャル・キャピタルと格差社会：幸福の計量社会学』（共著、東京大学出版会、2014年）『データで読む現代社会：ライフスタイルとライフコース編』（共著、新曜社、2015年）

成蹊大学人文叢書11

データで読む日本文化
―高校生からの文学・社会学・メディア研究入門―

二〇一五年三月三一日　初版第一刷発行
二〇一六年三月三一日　初版第二刷発行

編　者　成蹊大学文学部学会
責任編集　小林盾
　　　　　吉田幹生
発行者　風間敬子
発行所　株式会社　風間書房
101-0051　東京都千代田区神田神保町一―三四
電　話　〇三―三二九一―五七二九
ＦＡＸ　〇三―三二九一―五七五七
振　替　〇〇一一〇―五―一八五三

印刷・製本　太平印刷社

 NDC 分類：361
ISBN 978-4-7599-2082-6　Printed in Japan